Als Krishnamurti im November 1985 nach Indien kam, konnte niemand ahnen, daß er vier Monate später tot sein würde. Obgleich im 91. Lebensjahr und nicht mehr im Vollbesitz seiner körperlichen Kräfte, hielt er in verschiedenen Gegenden Indiens öffentliche Reden und nahm an Diskussionen teil, und zwar mit all der Verve und der gleichen leidenschaftlichen Sorge um die Zukunft der Menschheit wie in den sechzig Jahren zuvor. Er sprach über die Tatsachen des täglichen Lebens und erklärte dabei mit Nachdruck, daß der Mensch trotz der erstaunlichen technologischen Fortschritte psychologisch der Barbar geblieben sei, der er war, als er auf der Erde erschien. Jeder von uns, erklärte er, sei für die Brutalität, die Untaten und die gesellschaftlichen Widersprüche verantwortlich, denn sie seien nur eine Widerspiegelung unseres inneren Selbst, und die Welt könne nur durch eine »Mutation« in jeder menschlichen Psyche vor dem Chaos gerettet werden. Die Veränderung müsse jetzt geschehen, denn was wir heute sind, würden wir auch morgen sein.

Krishnamurti war einer der großen Weisheitslehrer unserer Zeit, der jenseits aller Religionen und Weltanschauungen im »platonischen« Gespräch die Rätsel menschlichen Lebens, Handelns und Denkens zu ergründen suchte. Wissend, daß er nichts wußte, und dies auch zugebend, hat er seinen Zuhörern doch mehr Wissen über sie selbst und die Welt vermittelt als hochgelehrte Denker und Erforscher des Zeitgeists. Von J. Krishnamurti ist im Fischer Taschenbuch Verlag ebenfalls erschienen: »Du bist die Welt. Reden und Gespräche« (Bd. 10776).

Jiddu Krishnamurti

Die Zukunft ist jetzt
Letzte Gespräche

Aus dem Englischen von
Anne Ruth Frank-Strauss

Fischer
Taschenbuch
Verlag

9. – 10. Tausend: Oktober 1994

Deutsche Erstausgabe
Veröffentlicht im Fischer Taschenbuch Verlag GmbH,
Frankfurt am Main, Juli 1992

Die englische Originalausgabe mit dem Titel
›The Future is Now; Krishnamurti's Last Talks in India‹
erschien 1988 im Verlag Victor Gollancz Ltd., London
Copyright © 1988 by Krishnamurti Foundation Trust Ltd., India
Für die deutsche Ausgabe:
© 1992 Fischer Taschenbuch Verlag GmbH, Frankfurt am Main
Alle Rechte vorbehalten
Umschlaggestaltung: Buchholz / Hinsch / Hensinger
Foto: Mark Edwards © Krishnamurti Foundation Trust Ltd., India
Gesamtherstellung: Clausen & Bosse, Leck
Printed in Germany
ISBN 3-596-10844-6

Gedruckt auf chlor- und säurefreiem Papier

Inhalt

Einführung

von Radhika Herzberger

Es war Krishnamurtis letzte Reise nach Indien. Bereits in Saanen in der Schweiz hatte er erklärt, daß er dort nicht mehr sprechen würde. An einen Freund hatte er geschrieben:

Wir hatten vier Tage herrlichstes Wetter, jeden Tag Sonne, und das Tal sagt uns Lebwohl.

In seiner letzten Rede in Saanen erzählte er die Geschichte von Nachiketa, dem Knaben, der in das Haus des Todes geschickt worden war, weil er zu viele Fragen stellte. Es war eine alte indische Erzählung aus dem Kathopanishad, doch Krishnamurtis Version war anders – romantischer, verlegt in eine ideale Zeit, als die Menschen ihr Wort hielten und von Zeit zu Zeit verschenkten, was sie an Besitz angesammelt hatten. Diese Details kommen in der ursprünglichen Geschichte nicht vor; sie hat nicht diesen romantischen Ton.

Krishnamurtis Nachiketa ist voller unmöglicher Fragen, er ist naiv, doch gewitzt genug, um die Versuchungen, die der Tod ihm vorhält, mit einer einfachen Bemerkung abzulehnen: »Du wirst am Ende stehen. Du wirst immer am Ende von allem sein.«

Obwohl fast 91 Jahre alt, war Krishnamurti nicht sehr verschieden von dem Nachiketa, den er beschrieb. Er hatte Nachiketas Gabe, jeden Anlaß in eine Frage, ja in einen Segen zu verwandeln; er hatte Nachiketas leichten Umgang mit dem Tod, und er besaß dieselbe unschuldige Großzügigkeit.

Krishnamurtis Vater beschrieb diese unschuldige Großzügigkeit, die sein Sohn nie verlor, in seinen Erinnerungen, die er, kurz nachdem Krishnamurti in die Obhut der Theosophischen Gesellschaft genommen worden war, niedergeschrieben hatte:

Bei uns ist es Brauch, morgens, wenn Bettler zum Haus kommen, eine Tasse oder Schüssel mit ungekochtem Reis herauszuschicken, den wir in die ausgestreckten Hände verteilen, bis die Tasse leer ist. Meine Frau schickte Krishna hinaus, um die Almosen zu geben, und der kleine Junge kam zurück und wollte mehr. Er sagte, er habe alles in den Beutel eines einzigen Mannes geschüttet. Daraufhin ging seine Mutter mit ihm, um ihm zu zeigen, wie man jedem etwas davon gibt.

Im späteren Leben waren der unschuldige Mann und der Weise eins. Dieser Mann war im Oktober 1985, nachdem er in Saanen und Brockwood Park in England gesprochen hatte, nach Indien gekommen, um sich von der vertrauten Landschaft, den Menschen, die er gekannt, und den Orten, an denen er gewirkt hatte, zu verabschieden. Und er war gekommen, um sein Haus in Ordnung zu bringen.

In Rishi Valley und Raghat, auf dem Land, das Mrs. Annie Besant in den zwanziger Jahren für ihn zu diesem Zweck erworben hatte, waren große Lehranstalten entstanden. Es gab Schulen in Bangalore, Madras und Bombay, die sich der Aufgabe widmeten, Krishnamurtis Lehren im Rahmen des Unterrichts zu studieren. Diese Lehranstalten waren der Krishnamurti Foundation, India, zugehörig, einer eingetragenen Körperschaft, deren Präsident er war. Vasanta Vihar, ein Haus in Adyar bei Madras, war der Hauptsitz der Stiftung und die Adresse, die er in seinem Paß als Heimatanschrift angab. Es bestanden Stiftungen in England und Amerika, denen ebenfalls gutbesuchte Schulen angeschlossen waren.

Krishnamurti war auch der Mann, der 1929 den Orden der ziemlich begüterten Organisation aufgelöst hatte, die sich seit 1909 um ihn gebildet hatte, nachdem er von den Theosophen »entdeckt« worden war. Damals hatte er erklärt: »Wahrheit kann nicht organisiert werden«, und er gab die Besitzungen auf, die zu dieser Organisation gehörten.

Den scheinbaren Widerspruch zwischen dem Mann, der spirituelle Organisationen ablehnt und der sich am Ende seines Lebens als das Haupt von mehreren sieht, hatte er bereits 1929 gelöst, als er am Ende seiner berühmten Rede anläßlich der Auflösung des Ordens sagte:

Diejenigen aber, die es danach verlangt, zu verstehen, die danach streben zu finden, was ewig, ohne Anfang und Ende ist, werden mit größerer Intensität ihren Weg miteinander gehen, sie werden eine Gefahr sein für alles, was unwesentlich ist, für Unwirklichkeiten, für Schatten. Und sie werden enger zusammenwachsen, sie werden zur Flamme werden, weil sie verstehen. *Einen solchen Kern müssen wir schaffen*, das ist mein Ziel. Aufgrund dieser wahren Freundschaft... wird wirkliche Kooperation seitens jedes einzelnen sein. Und dies nicht aufgrund von Autorität.

Krishnamurtis leidenschaftliches Anliegen war – besonders als er älter wurde und sich um die Zukunft der Organisationen sorgte –, einen solchen Kern von Freunden zu bilden. Dabei blieb sein Maßstab für Freundschaft streng: Freundschaft konnte nicht gedeihen, wo Neid, Vergleich, Besitzgier herrschten. Nur eine beständige Güte, glaubte er, konnte Menschen zusammenhalten. Und die Früchte der Güte waren magisch.

Eines Morgens, im Winter 1984, als wir in Rishi Valley am Frühstückstisch saßen, fragte er uns, inmitten einer alltäglichen Unterhaltung: »Wenn ein Engel Euch sagte, daß Ihr alles haben könntet, was Ihr Euch für diese Stätte wünscht, um was würdet Ihr ihn bitten?«

Wir nannten verschiedene Dinge – Wasser, eine neue Kultur, einen neuen Geist –, halbherzig, weil wir wußten, daß alle unsere Antworten weggewischt würden. So war es auch, und er fuhr fort: »Als wir 1926 hierher kamen, war unser Ziel, Stätten zu errichten, die zur Erleuchtung des Menschen dienen sollten. Geschieht dies hier?«

Das war wieder eine schwierige Frage; wir gaben zu, daß dies nicht geschah.

»Ist also Rishi Valley genauso wie die Welt außerhalb?«

Wir sagten, es sei ein Mikrokosmos – wir hätten dieselben Probleme in kleinerem Maßstab.

»Überlegt Euch Eure Antwort gut«, sagte er. »In der Welt dort draußen ist Krieg, tiefer Haß, Streit, Neid. Habt Ihr das hier? In Euch selbst?«

Wir erwiderten, daß, obwohl diese Dinge nicht in unseren Handlungen zum Ausdruck kämen, sie im Keim vorhanden seien und »in einer entsprechenden Situation wären wir auch dazu fähig.«

Er fragte uns, ob wir das alles wegwischen könnten.

»Wenn wir das wegwischten, würde der Engel uns geben, was wir uns wünschen?«

Er sagte schlicht: »Ja.«

Krishnamurti kam am 25. Oktober aus London in New Delhi an und fuhr kurz darauf weiter nach Varanasi.[1] Aravindan, der bekannte Filmemacher aus Kerala, beendete seine Arbeit an dem Film *The Seer who walks alone*, der auf Krishnamurtis Leben basiert. In den frühen Novembertagen, als der Winter gerade begann, lieferte Rajghat in Varanasi den Rahmen für diesen Film, mit Aufnahmen des einsamen Fischers, der sein Netz über einem ruhigen Fluß auswirft, eines Vogels, der in weitem Bogen über die Weite des Himmels und des Flusses fliegt, und der untergehenden Sonne, die zum Nimbus für den Weisen wird, der sagte: »Der Mensch ist nicht das Maß seiner selbst.«

Krishnamurti ging mit Aravindan den alten Pilgerpfad entlang – er ist heute asphaltiert und wird viel von Lastwagen mißbraucht –, der zum Ufer des Varuna führt. Er ging über die provisorische Bambusbrücke zum anderen Ufer, wo der Pilgerpfad, nun eng und staubig, umsäumt von Winterweizen, einen flüchtigen Blick auf den Ganges gewährt, und ging weiter nach Sarnath. Hier hatte der Buddha vor 2500 Jahren seine erste Predigt gehalten. Aravindans Kamera fing Krishnamurtis Rückweg über die Brücke ein, mit dem Fährmann, der während des Monsun, wenn die Brücke abgerissen war, Menschen und Tiere zum andern Ufer des Flusses beförderte.

Es gab noch einen anderen Pfad, auf dem er jeden Tag spazierenging, selbst als seine Beine schwächer wurden – der gewundene Pfad des Schulgeländes, am Amphitheater vorbei, in dem die Schüler des Vasanta College kürzlich ein Stück über das Leben Buddhas aufgeführt hatten. Der Pfad endete an einer steilen Treppe, unter der ein kreisförmiger Spielplatz lag und daneben, abgetrennt durch einen Drahtzaun, eine Moschee mit ihrem müßigen Wärter. Am Fuß der Stufen führte an einem Graben entlang ein schmaler Pfad zum ehemaligen Offiziersfriedhof.[2] Sein Gelände ist nun für Gästehäuser des neuen Zentrums bestimmt, das für Menschen, die sich ernstlich in die Lehren Krishnamurtis vertiefen wollen, eingerichtet werden soll.

Krishnamurti umschritt den Spielplatz mehrmals mit den Freunden und sprach dabei über vieles, hauptsächlich aber über die Fragen,

---

1 Der alte Name für Benares.
2 Rajghat war eine britische Festung gewesen.

die für ihn jetzt von größter Bedeutung waren: Was würde aus den vielen Institutionen werden, die er gegründet hatte? Würden sie ohne jemanden, der sie zusammenhielt, auseinanderfallen? Was würde in Zukunft aus den Stiftungen werden? Und jedesmal, wenn er einen Rundgang abgeschlossen hatte, grüßte er den Wärter, damit dieser sich nicht ausgeschlossen, abgeschnitten fühlen sollte.

Der Rückweg die steile Stufenflucht hinauf war ein Anlaß zur Besorgnis für seine Freunde – sie waren nie sicher, ob er es, ohne zu fallen, bis oben schaffen würde. Einmal bot ihm eine Frau die Hand. Mit seiner gewohnten Höflichkeit ergriff er sie für einen Augenblick, sagte, er wolle ihre Hand halten, doch: »Ich will niemals von irgend jemandem abhängig werden.« Letzteres sagte er mit einer Betonung und einem Blick, der sie die unbekannte Stille ahnen ließ, die vor ihm lag.

Nicht auf diesen Spaziergängen, sondern oben in seinem Schlafzimmer sprach er von heiligen Stätten als Stätten des Lernens, die in seinem Verständnis außerhalb der Schranken von Ritualen, Kirchen, Tempeln und Moscheen liegen. Er sagte, ein Ort sei heilig, wenn er sich durch drei Besonderheiten auszeichne: die Religiosität der Menschen, die dort lebten, die Pilger, die um der Wahrheit willen dorthin kamen, und durch die Fähigkeit, Leben zu erhalten.

In diesem Winter in Rajghat dachte Krishnamurti viel an Mrs. Besant. Am 6. November war er zur Theosophischen Loge in Kamaccha eingeladen, und er nahm diese Einladung an. Er ging zu Mrs. Besants ehemaligem Haus, »Schantikunj«. Die Nachmittagssonne strömte herein, als er in dem alten Haus die Runde machte. Er saß auf dem großen *chowki*, auf dem Mrs. Besant während des Tages gearbeitet und geruht hatte. Für diejenigen, die Mrs. Besant und Krishnamurti damals gekannt hatten, war es ein bewegender Augenblick. Für jemand, der damals diese Zeit miterlebt hatte, war es ein gesegneter Tag. »Der Sohn besucht das Haus seiner Mutter nach 45 Jahren. Vielleicht, um Lebwohl zu sagen.« Doch als jemand Krishnamurti fragte, ob er sich an den Ort erinnere, antwortete er nur: »Das ist schon lange her – es scheint aber, als hätte ich hier gelebt.«

Am 16. November war das Diwali-Fest, und Krishnamurti betrachtete am Abend mit seinen Freunden ein Feuerwerk gegenüber seinem Haus auf der gepflasterten Terrasse hoch über dem Ganges.

Als die Leuchtraketen und *kotis* vielfarbige Sterne über den mond-losen Himmel ausstreuten, glühte die Stadt Varanasi in der Ferne. Krishnamurti stieg dann auf den Balkon seines Hauses, um die Lampen wieder anzuzünden, die ausgegangen waren, und bewunderte die Aussicht. Es war ein einzigartiger Abend, Heiligkeit hing wie ein Schleier über Rajghat.

Es gab noch weitere Veranstaltungen – ein Abend mit Vedischen Rezitationen der Brahmanen, die zu den Tempelschulen und dem Haus des Maharaja von Varanasi gehörten. Dann Musik auf dem *Shahanai Santur* und ein *Kathak*, getanzt von Aditi Mangaldas.

Am 7. November begann Krishnamurti eine Reihe von Diskussionen mit einer Gruppe buddhistischer Gelehrten – Sanskritisten und Tibetologen –, die sich seit den frühen siebziger Jahren um ihn versammelt hatten. Sie gehörten einer alten Gelehrtentradition an, die durch Jahrtausende eine religiöse Tradition durch wissenschaftliche Arbeit, scharfe philosphische Debatten und Selbstprüfung bewahrt hatten.

Einer dieser Gelehrten war Pandit Jagannath Upadhyaya. Panditji, wie wir ihn nannten, arbeitete an einer kritischen Ausgabe des *Kalachakratantra*, einem Mahayana-Text, der sich mit den Lehren des Bodhisattva Maitreya auseinandersetzt. Der Text, der zwischen dem neunten und elften Jahrhundert verfaßt worden war, repräsentierte eine viel ältere Weisheitstradition, die Panditji einmal als die »Geburt der Menschheit« bezeichnet hatte. Panditjis Beschreibung rührte in Krishnamurti eine Saite an; er variierte den Ausdruck in »Die Geburt der Einsicht«.

Rinpoche Sandong vom Tibetanischen Institut in Sarnath, die Professoren Krishnanath und Ram Shankar Tripathi, die beide an Universitäten am Ort lehrten, nahmen ebenfalls an den Gesprächen teil.

Vor dieser Versammlung von Gelehrten stellte Krishnamurti zwei Fragen zur Diskussion: »Gibt es etwas Heiliges, etwas Dauerhaftes... in Indien, in diesem Teil der Welt?« und: »Wenn dies der Fall ist, warum ist dieser Teil der Welt so korrupt?«

Krishnamurti beantwortete beide Fragen, die er gestellt hatte. Er beantwortete die erste Frage gegen Ende der Diskussion, als verschiedene Probleme angeschnitten und wieder fallengelassen worden waren, und die Versammlung schweigend dasaß. Da fragte Panditji auf Hindi: »Sie haben die Diskussion mit der Frage begonnen:

›Was ist dieses Etwas?‹ und ›Gibt es dieses Etwas in diesem Land?‹ Ist dies, was Sie meinen, dieses Etwas?« Daraufhin war es lange still, Krishnamurti sprach nicht, und man hörte den Dolmetscher leise zu Panditji sagen: »Han (Ja).« Dann fuhr Krishnamurti fort: »Sehen Sie, es ist nicht schwierig, es ist einfach.«

Krishnamurti beantwortete die zweite Frage auf der Basis einer verallgemeinerten Beobachtung: »Eigeninteresse ist die Tür, die den anderen aussperrt.« Der Begriff des Eigeninteresses war für Krishnamurti sehr weit gefaßt und elastisch, er umfaßte in seiner Sicht auch das Bedürfnis nach organisierter Religion.

Am elften November stellte Krishnamurti eine dritte Frage: »Wo endet das Eigeninteresse und beginnt das andere?« Und obwohl er mindestens zweimal im Laufe der Diskussion auf diese Frage zurückkam, beantwortete er sie nicht. Er ließ sie als eine ewige Frage offen, einen Zweifel, der im Mittelpunkt jedes ernsten religiösen Fragens steht.

Krishnamurti hatte am 9. November die Versammlung gefragt: »Gibt es bereits hier etwas, dem man sich, wenn es existiert, mit seinem Geist und Herzen hingeben muß?« Er sprach als jemand, der es selbst getan hatte – er hatte »Geist und Herz« und sein ganzes langes Leben hingegeben, um »das Heilige zu bewahren«. Wir müssen bedenken, daß Krishnamurti sich dem Ende eines langen Lebens näherte und daß er zu einer Gruppe von Männern sprach, die ihr Leben damit zugebracht hatten, eine uralte religiöse Tradition zu bewahren, jedoch auf eine völlig andere Art und Weise. Für Krishnamurti war dieses Verständnis des Bewahrens nicht ausreichend. Er hatte sich gegen das ganze Drum und Dran der organisierten Religion gewandt – ihre Dogmen, ihre Kirchen, ihre heiligen Bücher und ihre Gurus –, und das bereits 1929, als er geschrieben hatte:

Wenn Krishnamurti stirbt, und das ist unvermeidlich, dann werden Sie anfangen, in Ihrem Geist Regeln zu formulieren, denn das Individuum, Krishnamurti, hat für Sie die Wahrheit repräsentiert. Also werden Sie einen Tempel bauen; Sie werden anfangen, Zeremonien abzuhalten, Sprüche, Dogmen, Glaubenssysteme, Glaubensbekenntnisse zu erfinden und Philosophien zu begründen. Wenn Sie große Stiftungen in meinem Namen gründen, werden Sie in diesem Haus, in diesem Tempel, gefangen sein, und so wird für Sie ein anderer Lehrer kommen müssen, um Sie aus diesem Tempel zu befreien. Doch der menschliche Geist ist so geartet, daß man auch um ihn herum wieder einen Tempel baut, und so geht es fort und fort.

Die ersten beiden öffentlichen Reden in Rajghat fielen auf den 18. und 19. November. Krishnamurti fragte seine Zuhörer, warum sie gekommen seien, und dann sagte er, daß er nicht die Absicht habe, abstrakte, theoretische Fragen zu erörtern oder ihnen als ein Guru zu helfen, sondern daß sie ihn als Freund betrachten möchten, mit dem sie über die Probleme des täglichen Lebens sprechen könnten.

Während der öffentlichen Frage- und Antwortperiode fragte jemand aus dem Publikum, wie die Lehre ohne Entstellung erhalten werden könne. Krishnamurti griff diese Frage auf und sagte, ob seine Lehre verfälscht werde oder nicht, »das hängt von Ihnen ab, nicht von jemand anderem. Wenn sie nichts anderes bedeutet als Worte, dann wird sie den üblichen Weg nehmen. Wenn sie eine ganz tiefe Bedeutung für Sie, für Sie persönlich hat, dann wird sie nicht verfälscht.« Konsequent und kompromißlos setzte Krishnamurti bis zum Ende sein Vertrauen in Menschen, in ihre Fähigkeit, die Lehre in einem verstehenden Geist und Herzen zu bewahren.

Am zweiundzwanzigsten, am Ende seiner letzten Rede, bat er seine Zuhörer, ihm nicht zu Füßen zu fallen, sie könnten aber kommen und seine Hände halten. Und so blieb er dort eine lange Zeit still sitzen. Für uns war es wie ein Omen, ein Zeichen, daß er nie mehr wiederkommen würde.

Als Krishnamurti im November nach Rishi Valley kam, wußten wir, daß es gesundheitlich schlecht um ihn stand. Wir hofften, daß er sich, wie früher so oft, in Rishi Valley wieder erholen würde, doch dies war nicht der Fall. Am ersten Tag beschlossen wir, den Weg zum Tempel der alten Göttin Gangamma zu gehen, der an unserem Gemüsegarten vorbei und dem trockenen Bett eines Monsunflusses entlang verlief. Doch er konnte das trockene Flußbett bis zum Tamarindenhain nicht überqueren. Hinter dem Tamarindenhain öffnete sich das Tal nach allen Seiten zu den umgebenden Hügeln, die violett im Zwielicht leuchteten. Es war ein Anblick, der ihn oft entzückt hatte.

Danach versuchten wir es mit leichteren Spaziergängen die Hauptstraße entlang zur Mündung des Tals. Von einem dieser Gänge kehrte er ganz strahlend zurück und sprach von der Heiligkeit des Ortes.

Seine täglichen Spaziergänge wurden mit der Zeit immer kürzer, und er verlor in erschreckendem Maße an Gewicht. Doch er war glücklich in seinem Zimmer oben im alten Gästehaus, umgeben von Gopalu[3] und Parmeshwaran[4], er lud Leute zum Mittagessen ein und plauderte mit dem Wiedehopf, mit dem er sich angefreundet hatte.

Mehrmals hörten wir, wenn wir draußen vor seiner Tür standen, wie er leise zu jemandem sagte:»Du und deine Kinder, ihr dürft natürlich gern hier hereinkommen. Doch ich versichere dir, daß es euch nicht gefallen wird. In ein paar Tagen werde ich fort sein, das Zimmer wird abgeschlossen, die Fenster zugesperrt, und ihr werdet nicht mehr herauskönnen.«

Als wir ins Zimmer kamen, konnten wir den Vogel sehen, der, eingerahmt vom Aussichtsfenster, mit aufgefächertem Schopf auf dem Ast des Spathodiabaumes saß. Er hörte Krishnamurti zu, der auf dem Bett lag und mit ruhiger Stimme sprach. Krishnamurti erklärte uns, daß der Vogel sich an seine Stimme gewöhnt habe und gern dort saß und ihm zuhörte. Sehr oft, wenn kleine Gruppen von uns auf dem Teppich in seinem Zimmer saßen, stieß der Vogel herab, pickte an die Fensterscheibe und machte Lärm. Und Krishnamurti sagte dann:»Da kommt mein Freund« oder:»Jetzt nicht, mein Freund.«

Ein anderes Mal, als wir in sein Zimmer kamen, hörten wir ihn sagen:»So, Ihre Tochter heißt Sudschata. War Sudschata nicht die Frau des Buddha?« Ich dachte, er plauderte mit dem Wiedehopf, doch er sprach mit Gopalu, der ihm von der Geburt einer kleinen Tochter erzählte, die Sudschata genannt wurde.[5]

Trotz seiner nachlassenden Kräfte sprach Krishnamurti zu den Kindern und den Lehrern der Schule. Zu den Kindern sprach er über Angst und wie wichtig es sei, frei von Angst zu sein. Zu den Lehrern sprach er über Güte und ihre Beziehung zur Ganzheit. Wenn Güte in Beziehung zur Ganzheit steht, ist sie nicht Teil der Vergangen-

---

3 Einer der Gehilfen in Rishi Valley.
4 Krishnamurtis Koch in Rishi Valley.
5 Nach den Buddha-Schriften ist Sudschata der Name eines Mädchens aus niedriger Kaste, von der Buddha zum erstenmal Speise akzeptierte, nachdem er erkannte, daß ein Aushungern des Körpers nicht zur Erleuchtung führen kann.

heit, Teil übernommener Meinung; sie ist keine Folge, sondern eine Entdeckung.

Eine internationale Konferenz von Lehrern verschiedener Krishnamurti-Schulen in Indien und im Ausland war so organisiert worden, daß sie mit diesem Besuch zusammenfiel. Es waren Lehrer von Brockwood Park in England und von der Oak Grove School in Ojai, Kalifornien, gekommen. Es war die erste Konferenz dieser Art, und ursprünglich schien Krishnamurti zu zögern, daran teilzunehmen. Doch als wir einmal angefangen hatten, kam er oft und unerwartet, zwang uns mit Fragen, Ansporn und Scherzen zum Wesentlichen.

Seine letzte Rede in Rishi Valley (er nannte es »meine letzte Vorstellung«) war nicht geplant, sie war veranlaßt durch Fragen, die ihm von einem der Lehrer gestellt worden waren. Am Ende seines Lebens fuhr er fort, die Fragen zu stellen, die er immer gestellt hatte: Was ist Güte? Was bedeutet es, in Güte zu erblühen? Und er fragte: »Was ist der Ursprung des Lebens? Was ist Schöpfung?«

Krishnamurti verließ Rishi Valley am 22. Dezember, um nach Madras zu reisen. Er ruhte ein paar Tage und hielt dann am Samstag, 28. Dezember, die erste seiner öffentlichen Reden in Madras. Es war offensichtlich eine Qual, er war sich nicht sicher, ob er durchhalten könne. Sein Vortrag ließ etwas von seiner gewöhnlichen Klarheit vermissen, doch hinterher war er in Hochstimmung. In dem Gefühl, daß seine Energie sich erneuert habe, hätte er gern die angekündigte Frage- und Antwortsitzung abgehalten. Doch diese war abgesagt worden, um seine Kräfte zu schonen, und eine weitere öffentliche Rede wurde für den kommenden Mittwoch angekündigt.

Er hatte erhöhte Temperatur, und Ärzte wurden gerufen. Da sie keine direkte Ursache für sein Fieber fanden, schlugen sie diagnostische Tests vor. Krishnamurti entschloß sich, diese Tests in Kalifornien unter der Aufsicht eines Arztes, den er kannte und dem er vertraute, durchführen zu lassen. Seine Reden in Bombay wurden abgesagt, und der Termin seiner Rückkehr nach Ojai wurde vorverlegt.

Krishnamurti verbrachte nun viele Stunden in seinem Zimmer, seine schwindenden Kräfte konzentrierte er auf die Reden in Madras. Dort versuchte er sich wieder mit einer Schar von Wiedehopfen anzufreunden, diesmal erfolglos. Oft sang er für sich allein.

Wenn wir vom Balkon außerhalb seines Zimmers lauschten, wurden wir in den Rhythmus seiner Stimme gezogen. Es war ein Gesang in der eigentümlichen Weise des Sanskrit, vom Sinn losgelöst und vollkommen auf den Klang konzentriert. Doch die Worte waren aus Tennysons letztem Gedicht, »Crossing the Bar«.

Erst später, als wir über den Sinn des Gehörten nachdachten, erhielten die Worte für uns Bedeutung:

> Sunset and evening star,
>> and one clear call for me!
> And may there be no moaning of the bar,
>> When I put out to sea.
>
> But such a tide as moving seems asleep,
>> Too full for sound and foam,
> When that which drew from out the boundless deep
>> Turns again home.

Nach seiner letzten öffentlichen Rede, am Sonntag, den 4. Januar, befaßte Krishnamurti sich ausschließlich mit der Frage nach der Zukunft der Stiftungen, die in seinem Namen gegründet worden waren. Er war sich völlig darüber im klaren, daß Religionen entstehen, wenn religiöse Führer sterben: Vergöttlichung des Lehrers, Revision seiner Lehren, Geschrei nach der geborgten Glorie der Nachfolge. All dies war eine Quelle schwerer Besorgnis für ihn. Er, der organisierte Religion abgelehnt hatte, sah sich nun zum letztenmal einer Organisation gegenüber, die seinen Namen trug. Was sollte geschehen? Sollten die Stiftungen aufgelöst werden? Gab es eine Möglichkeit, einzelne daran zu hindern, sich selbst als Autoritäten über die Lehren und den Lehrer auszugeben? Er wandte sich mit diesen Fragen an die Mitglieder der Stiftung, die sich dort versammelt hatten.

Einige der Anwesenden stimmten dafür, die Stiftungen aufzulösen. Andere wiesen auf die juristischen Komplikationen hin, die daraus erwachsen könnten. Sein ganzes Leben lang hatte Krishnamurti gearbeitet, um die Menschen frei zu machen. Nun war es an uns, ihn freizugeben. Ein einziges Mal im Verlauf von vielen Jahren wurden seine Fragen auf ihn zurückgeworfen. Am nächsten Tag wurde mit Rücksicht auf Krishnamurtis Wünsche den Statuten der Krishnamurti Foundation, India, die folgende Klausel angefügt:

Unter keinen Umständen wird die Stiftung oder irgendeine der Institutionen unter ihrer Leitung oder irgendeines ihrer Mitglieder sich selbst als Autorität in bezug auf Krishnamurtis Lehren ernennen. Dies steht in Übereinstimmung mit Krishnamurtis Erklärung, daß sich niemand, wo auch immer, als Autorität über ihn oder seine Lehren erklären solle.

Vor dem Abschluß der Sitzung hielt er seine letzte offizielle Ansprache an die Stiftungsmitglieder. Dies geschah in Form eines Dialogs mit Pandit Jagannath Upadhyaya.

Er hatte sehr wenig persönlichen Besitz, den er nun zu verteilen begann – ein paar Kleidungsstücke, zwei Schränke, die Mrs. Besant ihm und seinem Bruder Nitya geschenkt hatte, ein paar Kleinigkeiten, ein vielbenutztes Wörterbuch.

Der letzte Tag war zur Ruhe bestimmt, im Hinblick auf den anstrengenden Rückflug über den Pazifik. Krishnamurti zog sich auf sein Zimmer zurück, und wir lauschten Pandit Upadhyayas Erzählung der Geschichte von der letzten Stunde des Buddha: Am Rande von Kuhinara lag der Buddha zwischen zwei Salabäumen, umringt von Schülern und einer Schar von Menschen aus der Stadt. Als das Ende nahe schien, baten seine Schüler die Menge, zurückzuweichen, damit der Buddha ein letztes Mal den freien Himmel sehen könne. In dem Augenblick, als die Leere des Himmels mit der Leere des Nirvana zusammentraf, starb der Buddha.

Panditji, verwurzelt in den mündlichen Traditionen des Pali und Sanskrit, beendete seinen Diskurs, indem er mit viel Gefühl ein langes Gedicht über Krishnamurti rezitierte. Als er damit zuende war, nahm Panditji eines der Mitglieder beiseite und unterwies sie: »Sage ihm, er solle den Tod nicht willkommen heißen. Sag ihm dreimal die folgenden Worte: ›*Es gibt noch immer unsagbares Leiden in dieser Welt. Es gibt Menschen, die Deine Hilfe brauchen. Dein Werk ist nicht vollbracht.*‹«

Sie ging hinauf in Krishnamurtis Zimmer, doch die Worte blieben ihr im Halse stecken, und sie konnte nicht sprechen. Als er ihre Schwierigkeiten sah, verlangte er nach seiner Medizin, um ihr über den Moment hinwegzuhelfen. Er konnte sie nicht aus der Flasche gießen, denn das Zittern seiner Hände war zu stark geworden. Auch ihre Hände waren unsicher. Wie eine moderne Sudschata hatte sie für einen flüchtigen Augenblick die Gewißheit, daß die Medizin

Krishnamurtis Lebenskraft wiederherstellen würde, wenn sie sie ihm geben könne, ohne etwas davon zu verschütten, daß es aber schreckliche Folgen habe, wenn auch nur ein Tropfen verlorenginge. Es war wieder ein angespannter, aber klarer Augenblick, und auch er ging gut vorüber.

Als sie sich nun etwas sicherer fühlte, übermittelte sie Panditjis Botschaft genau nach seinen Anweisungen. Krishnamurti erwiderte, daß er den Tod nicht willkommen heiße, doch er sei nicht sicher, wie lange sein Körper durchhalten könne, er habe bereits zwölf Pfund abgenommen. »Weißt Du, was geschieht, wenn ich noch mehr abnehme?« erklärte er. »Ich werde nicht mehr imstande sein zu gehen. Wenn das geschieht und ich kann keine Reden mehr halten, dann wird der Körper sterben – er war einzig für diese Aufgabe bestimmt.«

An jenem Tag kamen viele Menschen, die Krishnamurti sehen wollten, denn es hatte sich herumgesprochen, daß er krank war und wohl nicht wiederkommen werde. Es war ermüdend für ihn, jeden einzelnen zu sehen, doch viele waren von weither gekommen, um ihn noch einmal zu besuchen.

Am Abend machte er seinen letzten Spaziergang am Strand von Adyar, wo er vor so langer Zeit »entdeckt« worden war. Am Ende seines Spaziergangs nahm er langen Abschied von den vier Himmelsrichtungen, drehte sich ganz herum – nach Osten, nach Süden, nach Westen, nach Norden – in jenem feierlichen Lebewohl, das man in alter Zeit »die Drehung des Elefanten« genannt hatte.

Varanasi

Diskussion mit Buddhisten
7. November 1985

Erster Teilnehmer[1] (**T₁**): Soweit ich es verstanden habe, sagen Sie, daß das Leben weder Zweck noch Ziel hat, und deshalb gibt es keinen Pfad, der zu beschreiten ist. Deshalb steht jeder Mensch jedem einzelnen Augenblick unmittelbar gegenüber. Wenn man den Augenblick verstehen kann, dann ist eben dieser Augenblick der Augenblick des Handelns, des Wissens und Verlangens. Habe ich das richtig verstanden?

Krishnamurti (**K**): Ich möchte betonen, daß wir nicht diskutieren, was richtig oder nicht richtig ist. Sir, dies ist ein Thema, das sehr eingehend untersucht werden muß.

T₁ Wenn Sie sagen, daß dies nicht eine Frage von richtig oder nicht richtig ist, dann schaffen Sie damit für die Menschen, die verstehen wollen, ein Problem.

K Nein, im Gegenteil. Ich sage, daß Panditji und wir alle, ich selbst inbegriffen, etwas untersuchen wollen. Ich sagte nicht: ›Dies ist richtig, das ist falsch‹, sondern wir wollen gemeinsam an die Sache herangehen.

T₁ Kann es einen Menschen geben, der nicht entscheidet, was richtig oder unrichtig ist, was gut oder nicht gut ist?

K Darauf kommen wir noch zurück. Ich sage nicht, es gibt keine Güte. Güte kann völlig verschieden sein von *Ihrer* Güte und *meiner* Güte. Lassen Sie uns also herausfinden, was wirklich *das* Gute ist – nicht Ihres oder meines, sondern das, was gut ist...

T₂ ... an sich.

K Ja.

T₁ Sie bringen Ungewißheit in jemandes Betrachtungsweise oder philosophische Anschauung.

K Ja, denn wenn man mit Gewißheit anfängt, endet man mit Ungewißheit.

---

1 Der Hauptteilnehmer an diesen Diskussionen mit Buddhisten ist Pandit Jagannath Upadhyaya (T₁).

T1 Das klingt auch völlig paradox – daß man mit Gewißheit anfängt und mit Ungewißheit endet.

K Natürlich. So ist das tägliche Leben. Nun, Sir, weil Sie eine Frage gestellt haben, die Zeit, Denken, Handeln impliziert, könnten wir damit beginnen, uns zunächst mit der Frage zu befassen, was Zeit ist? Nicht Buddha oder einer religiösen Schrift zufolge, sondern: Was ist Zeit? Der eine wird es auf die eine Weise interpretieren, die Wissenschaftler werden sagen, es sei eine Folge kleiner Handlungen, Gedanken und so weiter. Oder Sie könnten etwa sagen, Zeit ist Tod, Zeit ist Leben, oder Denken ist Zeit. Nicht wahr? Also, könnten wir vorläufig beiseitelassen, was andere Leute gesagt haben, einschließlich Buddha, einschließlich dessen, was ich gesagt oder nicht gesagt habe – das alles wegwischen – und sagen: ›Nun also, was ist Zeit?‹ Ist dies das einzige Problem, das wir im Leben haben – Zeit –, nicht nur eine Folge von Geschehnissen, sondern geboren werden, wachsen, sterben, Zeit als Vergangenheit, Zukunft und Gegenwart? Wir leben in der Zeit. Der Augenblick, in dem wir hoffen, ist Zeit – ich hoffe zu sein, ich hoffe zu werden, ich hoffe, erleuchtet zu werden; all das beinhaltet Zeit. Wissen zu erwerben bedeutet Zeit, und die Gesamtheit des Lebens von der Geburt bis zum Tod ist ein Problem der Zeit. Nicht wahr, Sir? Mache ich mich verständlich? Was ist also das, was wir Zeit nennen?

T1 Sie haben darüber oft gesprochen, doch ich möchte sagen, daß der Augenblick des Wissens, Handelns und auch des Verlangens ein Augenblick ist, in dem keine Zeit existiert.

K Halt, halt! Können Sie diesen Augenblick von den übrigen trennen?

T1 Im Augenblick der Aufmerksamkeit oder Beobachtung ist keine Zeit.

K Was meinen Sie mit Beobachtung und Aufmerksamkeit? Entschuldigen Sie, daß ich so analytisch bin. Aber wenn wir einander verstehen wollen, müssen wir uns über die Bedeutung dieser beiden Worte klar sein – Aufmerksamkeit und Beobachtung. Was findet tatsächlich – nicht theoretisch – statt, wenn Sie beobachten? Wenn Sie diesen Raum, diesen Vogel, diese Frau, diesen Mann beobachten, was findet statt?

T2 In diesem Moment der Beobachtung, wenn es wirkliches Beobachten ist...

K Ist es das? Das ist fraglich. Wenn er das Wort Beobachtung gebraucht, was versteht er darunter? Ich kann das eine darunter verstehen, er kann etwas anderes darunter verstehen, sie kann wieder etwas anderes damit meinen.

T2 Aber Sie fragen Panditji, was *er* unter Beobachtung versteht.

K Und was er unter Aufmerksamkeit versteht... Sir, darf ich Sie etwas fragen? Könnten wir anfangen, über ein Wort zu diskutieren, einen Dialog, ein Gespräch zu führen, nämlich eine wirklich sehr, sehr gute Deliberation? Sie kennen die Bedeutung des Wortes deliberieren? Das Wort kommt von *libra*, das im Griechischen ausgleichen, abwägen heißt. Dasselbe haben Sie im Tierkreis Libra (Die Waage). Und von Libra kommt das Abwägen. Und es kommt auch von ›deliberare‹, das im Italienischen bedeutet »sich zusammensetzen, besprechen, miteinander beraten, etwas miteinander abwägen«. Es heißt nicht, daß Sie eine Meinung vorbringen und ich bringe eine andere Meinung vor, sondern wir beide beraten gemeinsam, beide erwägen wir, denn wir wollen die Wahrheit finden. Nicht ich werde sie finden und Ihnen dann mitteilen – das steckt nicht in dem Wort erwägen. Sir, wenn der Papst in Rom gewählt wird, in der Sixtinischen Kapelle im Vatikan, dann deliberieren sie – die Türen sind verschlossen, niemand kann heraus, sie haben ihre eigenen Toiletten, ihr eigenes Restaurant, Essen: alles ist für vierzehn Tage oder für einige Tage so eingerichtet. Innerhalb dieser festgesetzten Tage müssen sie sich einigen. Das nennt man Deliberation. Könnten wir also so anfangen, wir beide, als ob wir nichts wüßten?

T3 Das ist schwierig für Panditji.

K Es ist nicht schwierig. Ich weiß nichts; unser Wissen ist nichts als Gedächtnis. Was ist es also wert? Ich sage, Wissen kann die größte Gefahr auf der Welt sein; es kann das größte Hindernis sein. Um Wissen zu fördern, vermehren wir es, die Wissenschaftler vermehren es. Etwas, das vermehrt wird, ist immer begrenzt.

T2 Natürlich. Wenn es vollständig ist, kann man es nicht vermehren.

K Ja. Deshalb ist Ihr Wissen immer begrenzt, und wenn Sie von dieser Begrenztheit aus diskutieren, dann endet es in Begrenztheit.

T2 Und die sogenannte Gewißheit ist diese Begrenztheit.

K Ja, Begrenztheit.

T1 Wir haben ziemlich viel von Ihnen gehört, und gewisse Dinge verstehen wir; doch wenn das Verstehen auf einer tieferen Ebene stattfinden soll, dann hat jemand wie Sie die Verantwortung, uns das wissen zu lassen, weil wir uns auf verschiedenen Ebenen befinden.

K Nun gut, nun gut. Aber dieser Mann sagt, K sagt, löst Eure Vertäuung, lassen wir uns miteinander treiben.

T1 Wie können wir miteinander beraten, wenn wir uns auf zwei verschiedenen Ebenen befinden?

K Das lasse ich nicht gelten. Ich lasse nicht gelten, daß wir uns auf zwei verschiedenen Ebenen befinden.

T1 Wir haben eine Beschwerde gegen Sie, daß Sie...

K ...daß ich ein schlechter Chirurg bin!

T1 ...Arzt, ja. Denn da sind all die Schwierigkeiten und Konflikte außerhalb. Menschen wie ich, die das Privileg haben, zu Ihnen kommen zu können, empfangen etwas Licht, doch der Arzt ist nicht imstande zu sagen, wie man mit den äußeren Dingen fertig wird und wie man diese Schwierigkeiten bewältigen kann.

K Also wollen Sie zuerst die Schwierigkeiten dort draußen bewältigen und dann die Probleme hier drinnen aufgreifen. Ist es das?

T1 Nein, ich will sie beide zusammen lösen.

K Ich lasse diese Trennung nicht gelten.

T1 Ja, das akzeptiere ich.

K Die Welt ist ich, ich bin die Welt. Von daher also, wie lösen wir das Problem?

T1 Angenommen, ich mache keinen Unterschied zwischen äußeren und inneren Angelegenheiten.

K Zuerst seien Sie sich dessen sicher. Sehen Sie das tatsächlich so, oder ist es theoretisch?

T1 Für mich ist es theoretisch.

K Zuallererst, Sir, Theorie hat für mich keinen Wert. Verzeihen Sie, Sir. Ich sehe, was in der Welt geschieht – Krieg, Nationalismus, Töten, all diese entsetzlichen Dinge, die geschehen –, *wirklich* geschehen. Ich bilde sie mir nicht ein; ich sehe, wie sie vor meiner Nase geschehen. Nun, wer hat sie verursacht?

T1 Die Menschen.

K Geben Sie zu, daß wir alle das verursacht haben?

T2 Ja, natürlich.

K Gut. Wenn also wir alle das verursacht haben, dann können wir es ändern. Nun, auf welche Weise wollen Sie diese Änderung bewirken? Sir, neulich traf ich in New York einen Wissenschaftler, einen Arzt, der Philosoph geworden ist. Er sagte, das sei alles Gerede, die wirkliche Frage sei: Können die Zellen im Gehirn in sich selbst eine Mutation bewirken – nicht durch Drogen, nicht durch verschiedene genetische Prozesse, sondern können die Gehirnzellen selbst sagen: Das ist falsch – ändere dich! Verstehen Sie, Sir? Können die Gehirnzellen selbst, unbeeinflußt, nicht medikamentiert, sehen, was sie angerichtet haben, und sagen: Das ist falsch – mutiere!

T1 Aber Sie unterscheiden das Gehirn vom Geist.

K Ja, das ist vielleicht dumm, doch ich habe den Unterschied gemacht, weil das Gehirn das eigentliche Zentrum unserer Sinneswahrnehmungen ist.

T4 Sir, das war auch vorgestern meine Frage: Sollten wir auf diese Mutation warten?

K Das können Sie nicht. Es wird so weitergehen.

T4 Wird es automatisch geschehen?

K Nein.

T4 Also sollten wir uns darum bemühen.

K Was wollen Sie tun, Sir? Sie sehen, daß eine Mutation notwendig ist, nicht wahr?

T4 Ja, darin sind sich alle einig.

K Nun, was wird das ändern? In den Zellen, nicht nur die Ideen? Die Gehirnzellen selbst enthalten alle Erinnerungen an die Vergangenheit. Können diese Zellen ohne Druck, ohne Einfluß, ohne Chemikalien sagen: Damit ist nun Schluß; ich werde mich ändern?

T2 Nein. Wenn keine Beeinflussung, kein Druck herrscht, dann heißt das, daß es von selbst stattfindet.

K Nein. Hören Sie zu. Die Gehirnzellen enthalten alle Erinnerungen, allen Druck, alle Erziehung, alle Erfahrung, alles – sie sind das Zentrum des Wissens. Richtig?

T2 Ja, sie sind befrachtet.

K Befrachtet mit dem Wissen von zweieinhalb Millionen Jahren. Wir haben alles versucht – Chemikalien, Folter, jede Form von Erfahrung, um eine Veränderung innerhalb des Schädels zu bewirken; es ist uns nicht gelungen. Es gibt Gentechnologie, es wird jede Form von Experiment durchgeführt, um das da drinnen zu verändern, aber es ist ihnen nicht gelungen. Bis jetzt nicht; vielleicht in tausend Jahren. Also sage ich mir, warum ist dieses Gehirn von all dem abhängig – Chemikalien, Überzeugungen, Vergnügen? Wartet es darauf, befreit zu werden? Ich sage: ›Nein, tut mir leid, das ist eine andere Form von Flucht.‹

T2 Das Warten auf etwas anderes.

K Ja. Also, können die Gehirnzellen, mit all den vergangenen Erinnerungen, dem allen jetzt ein Ende setzen? Das ist meine Frage. Was sagen Sie dazu, Sir?

T1 Ich habe eine andere Frage. Ich muß meine Schüler unterrichten, und das geschieht in logischen Prozessen – so viele Dinge können rational erklärt werden. Gleichzeitig erkenne ich ihre Begrenztheit, besonders, seit ich mit Ihnen in Verbindung getreten bin – ich erkenne, daß dies alles künstlich, theoretisch, sehr begrenzt ist. Dann, wenn wir zu Ihnen kommen, hören wir, was gut ist, und wir gehen von einer Kernfrage zur anderen, doch am Ende von allem stelle ich fest, daß wir immer noch nicht der Wahrheit nähergekommen sind. Und das heißt, daß wir, anstatt uns rundum im Kreis der Logik zu bewegen, nun mit diesem hier im Kreise herumgehen, aber das ist kein Unterschied.

K Ja, Sir, das sind alles nichts als Erklärungen, und wir bewegen uns von dieser Logik zu jener Logik. Sehen wir also, daß Logik eine Grenze hat? Nun, kann ich diese Logik verlassen, ohne zu einer anderen Logik zu kommen, weil ich gleich am Anfang sehe, daß Logik Grenzen hat – sei es superscharfe Logik oder schlicht gesunder Menschenverstand?

T1 Nein, die beiden kann man nicht vergleichen, denn das andere ist vollkommen logisch und somit, wie wir es verstehen, begrenzt, doch hier haben wir es nicht einfach mit Logik zu tun, wenn wir eine Spur von Einsicht, einen Schimmer von Licht empfangen; doch wir bewegen uns weiter im Kreis mit diesem Wenigen. Es gibt kein Verstehen..

K Gut. Wenn das so ist – was ich bezweifle –, wollen Sie also vollkommene Einsicht? Ihre Frage deutet das an.

T1 Wir sollten zufrieden sein mit dem, was wir bekommen, doch wir brauchen dieses Glück, das unserem Denken Gestalt gibt. Wir erhalten Spuren von Einsicht, nicht das Ganze.

K Ich spreche nicht über Glück; ich spreche von Einsicht. Werden Sie zuhören? Ich werde das Ganze darbieten, ich werde Ihnen logisch das Ganze zeigen. Werden Sie zuhören – nicht sagen, ja, das ist richtig, das ist falsch? Sir, praktisch jeder Schriftsteller, Maler, Wissenschaftler, Dichter, Guru – sie alle haben begrenzte Einsicht. Sie und ich, wir kommen daher und sagen: »Sieh, das ist begrenzt, und ich will die wirkliche, vollständige, volle Einsicht; nicht teilweise.« Ja?

T1 Wir müssen das verstehen. Was ist volle Einsicht? Ist es eine Erfahrung?

K Nein, ich bezweifle, daß es eine Erfahrung ist. Es ist keine Erfahrung.

T2 Dann muß es aus dem Innern kommen.

K Nein, sehen Sie, Sie legen bereits fest, was geschehen soll.

T2 Man kann es nicht vorhersehen.

K Sie können nicht Gesetze darüber festlegen. Sie können nicht sagen, es ist Erfahrung; das ist es nicht.

T2 Sie wollten uns sagen, wie das alles ein Ganzes werden kann.

K Nicht das alles; die Teile ergeben nicht das Ganze. Ich bin so verdammt logisch wie jeder von Ihnen. Ich sage nur, Sie gehen falsch an die Sache heran. Das ist das Entscheidende. Sagen Sie nicht, es ist eine Erfahrung; die basiert auf Wissen. Was auf Wissen basiert, ist Erfindung, nicht Schöpfung.

T6 Sir, er sagt nicht, es ist Erfahrung, die auf Wissen basiert, sondern es muß wirklich sein, erwiesen.

K Es ist nicht so, daß ich etwas erfahre; es ist wirklich. Ich verstehe Ihre Schwierigkeiten nicht. Jemand kommt daher und erzählt mir eine Geschichte. Ich höre mit gespannter Aufmerksamkeit zu. Es ist eine schöne Geschichte, Sprache und Stil bezaubernd; ich bin davon entzückt, ich höre der Geschichte zu, und sie geht weiter und weiter, Tag für Tag, und ich bin gefangengenommen von der Geschichte. Und die Geschichte endet mit den Worten: ›Hier hört es auf.‹

T5 Die Geschichte ist für uns nicht zu Ende; das Problem ist noch immer da.

K Sie sind mein Freund. Ich möchte Ihnen sagen, daß die Menschen begrenzte Einsicht haben, was offensichtlich ist. Ihr Freund hier sagt, ich will Ihnen sagen, auf welche Weise Sie vollkommene Einsicht haben können. Werden Sie auf ihn hören? Nicht argumentieren, nur zuhören. Sie geben dem Bettler Reis; er hat gar nichts von Ihnen erwartet, aber Sie geben ihm etwas. Auf dieselbe Weise gibt er mir ein Geschenk, und er sagt: ›Nimm es, frag mich nicht, warum es Dir gegeben wird, wer es gibt, nimm es nur.‹ Und so sage ich Ihnen, Einsicht ist nicht vom Intellekt abhängig, sie ist nicht von Wissen abhängig, sie ist nicht von irgendeiner Form von Erinnerung abhängig, und sie ist nicht abhängig von Zeit. Erleuchtung ist nicht abhängig von Zeit. Zeit, Gedächtnis, Erinnerung, Ursache – sie existieren nicht; dann haben Sie Einsicht, vollkommene Einsicht. Sir, wie zwei Schiffe, die einander in der Nacht begegnen, eines sagt zum andern: ›Das ist es‹, und segelt weiter. Was werden Sie tun?

T4 Sir, kommt es durch stufenweise Übung, oder geschieht es augenblicklich?

K Übung bedeutet Erinnerung, Zeit.

T4 Also kann es nur augenblicklich geschehen.

K Oh, nein, nein, Sir, hören Sie doch zu. Er erzählt mir das, und er
verschwindet. Er hat mir einen herrlichen Edelstein zurückgelassen,
und ich sehe, wie schön er ist. Ich sage nicht, warum hat er ihn mir
gegeben, wer ist er und so weiter. Er hat ihn mir gegeben, und er
sagte: ›Nimm ihn, mein Freund, lebe mit ihm, und wenn Du ihn
nicht willst, wirf ihn fort.‹ Und ich sehe ihn nie wieder. Ich bin entzückt von dem Edelstein, und dieser Edelstein beginnt mir Dinge zu
offenbaren, die ich nie zuvor gesehen habe, und der Edelstein sagt:
›Halt mich fester, Du wirst noch viel mehr sehen.‹ Aber ich sage:
›Ich habe meine Frau, meine Kinder, meine Universität, meine
Arbeit; ich kann das nicht tun.‹ Und Du legst ihn auf den Tisch,
kommst am Abend zurück und betrachtest ihn. Doch der Edelstein
verblaßt, also mußt Du ihn halten, Du mußt ihn hegen, lieben, betrachten, pflegen.
Ich versuche nicht, irgend jemanden von irgend etwas zu überzeugen. Wir sehen, daß unser Wissen sehr begrenzt ist, und gerade Wissen könnte die Gefahr sein, sie könnte das Gift in uns allen sein.
Sir, neulich, unmittelbar bevor ich nach Indien kam, traf ich drei
Computerexperten – auf der Höhe des Fortschritts. Sie beschäftigen
sich intensiv mit künstlicher Intelligenz. Und künstliche Intelligenz
kann die meisten Dinge tun, die Menschen können – argumentieren,
sie hat ungeheures Wissen, viel mehr als jeder von uns. Sie wird bri-
tisches Wissen, europäisches Wissen, französisches Wissen, russi-
sches Wissen, alle Upanishaden, alle Gitas, alle Bibeln, Korane, einfach alles umfassen, und sie wird handeln – sie wird Ihnen sagen, was
Sie essen können und was Sie nicht essen können, wann Sie ins Bett
gehen sollen, um Ihrer Gesundheit willen, wann Sie keinen Sex haben sollen, alles sagen, was Sie tun können; es hat bereits begonnen.
Und was wird mit dem menschlichen Gehirn geschehen, wenn diese
Maschine alles tun kann, was ich tun kann, außer Sex haben und die
Sterne betrachten? Was soll dann der Mensch? Und die Unterhal-
tungsindustrie – Fußball, Tennis, all diese Dinge –, auch hier spielt
dies leider eine große Rolle. Wenn also der Mensch in all dieser Unterhaltung gefangen ist, zu der auch die religiöse Unterhaltung gehört, wo bleibt dann der Mensch? Sir, das ist eine sehr ernste Frage;
das ist nicht nur so dahingesagt.

T2 Diese Frage würde nicht aufkommen, wenn eine Mutation im Gehirn stattfinden würde, das dann dem gegenwärtigen Gehirn weit voraus wäre, denn das jetzige Gehirn ist Erinnerung, und die Maschine hat ein weitaus besseres Gedächtnis.

K So ein kleiner Chip enthält 600 Millionen Wörter.

T2 Alle Bibliotheken der Welt werden in der Maschine sein.

K Sie haben es geschafft, nicht wahr? Deshalb, warum sollte ich zur Bibliothek gehen, warum sollte ich auf all dieses Zeug hören? Deshalb, Unterhaltung.

T2 Oder mutieren.

K Das ist es. Das ist die Frage, die ich gestellt habe.

T2 Wir sind also wieder bei der Frage angelangt.

T1 Hat Meditation etwas damit zu tun?

K Ja, Sir, gibt es eine Meditation, die nicht erdacht ist, die nicht absichtlich ist, die nicht sagt, übe, übe, übe, die nichts mit all dem zu tun hat? Denn auf diese Weise übe ich, ein reicher Mann zu werden, ich habe eine bewußte Absicht. Deshalb kann es nicht die Meditation sein, wie wir sie heute praktizieren. Und vielleicht gibt es eine Meditation, die nichts mit all dem zu tun hat – und ich sage, die gibt es.

T2 Sollen wir hier aufhören?

K Ja, wir hören auf – wie die Geschichte.

Diskussion mit Buddhisten
9. November 1985

Krishnamurti (**K**): Gibt es etwas Heiliges, etwas Bleibendes, das nicht von kommerziellen Interessen bestimmt wird? Gibt es etwas dergleichen in Indien, in diesem Teil der Welt?

Erster Teilnehmer (**T**₁): Es gibt sicherlich etwas in diesem Land, das nicht von äußeren Faktoren beeinflußt ist.

K Das war nicht meine Frage. Gibt es etwas hier, das nirgendwo anders existiert – nicht beeinflußt, nicht korrumpiert, nicht häßlich gemacht durch all den Zirkus, der im Namen der Religion stattfindet? Gibt es bereits hier etwas, dem man sich – wenn es existiert – mit ganzem Geist und Herzen hingeben muß –, um es zu bewahren? Verstehen Sie, Sir?

T₁ Ich kann das nicht sagen, denn in gewissem Sinne habe ich es nicht auf fühlbare Weise erfahren; auch kann ich nicht sagen, ob andere Menschen es erfahren haben. Doch mein Studium alter Texte gibt mir eine gewisse Überzeugung, daß es etwas gibt, das man ganz deutlich erfahren kann.

K Was ich frage, Panditji, ist, ob es etwas Bleibendes gibt, das nicht an Zeit, Evolution und all das gebunden ist? Es muß etwas sehr, sehr Heiliges sein. Und wenn es existiert, dann muß man ihm sein Leben widmen, es beschützen, ihm Vitalität verleihen – nicht durch Doktrinen und Wissen, sondern durch das Gefühl dafür, für seine Tiefe, seine Schönheit, seine ungeheure Kraft. Das ist meine Frage.

T₁ Wir sehnen uns danach, etwas dergleichen zu finden, doch es ist uns nicht gelungen. Und unsere Erfahrung ist, daß wir in viele Theorien verstrickt sind, in viele Traditionen, viele Systeme. Gelegentlich hören wir eine klare Stimme, die auf eine zwingende Weise darüber spricht. Diese Stimme kommt von Ihnen, doch wir sind irgendwie unfähig, sie zu erreichen. Das ganze Phänomen ist wie ein riesiger Jahrmarkt mit einer Vielzahl verschiedener, chaotischer Stimmen, die Lösungen anbieten.

K Sie beantworten meine Frage nicht: Ist es da oder ist es nicht da? Nicht Tradition, nicht irgendein historischer Prozeß einer uralten

Kultur, die verschwindet, zerstört wird vom Kommerzialismus, sondern die große Triebkraft, die durch irgendeine Kraft, irgendeine Intelligenz in Gang gesetzt wurde? Diese Kraft, diese Intelligenz – existiert sie heute? Ich wiederhole dasselbe mit anderen Worten.

T2 Wenn ich Ihre Frage beantworten soll, dann würde ich sagen, das, worüber Sie sprechen – dieses Etwas – ist Leben.

K Ich stelle eine ganz einfache Frage; komplizieren Sie sie nicht. Indien breitete sich explosionsartig über ganz Asien aus, so wie sich Griechenland über die ganze westliche Kultur ausbreitete. Ich spreche nicht über das geographische Indien, sondern Indien als Teil der Welt. Es breitete sich aus wie ein Lauffeuer. Und es hatte die ungeheure Energie von etwas Ursprünglichem, etwas Großartigem; es hatte die Kraft, Dinge in Bewegung zu setzen. Existiert dies hier oder ist das alles fragwürdig? Existiert es überhaupt noch?

T3 Ich weiß es nicht, Sir, ich meine, es existiert.

K Warum? Warum meinen Sie das?

T3 Manchmal kommt es zum Vorschein, aber gewöhnlich nicht.

K Es ist wie ein Hauch frischer Luft. Wenn die Luft ständig in Bewegung ist, ist sie immer frisch.

T3 Sie ist immer in Bewegung, sie ist immer frisch, doch sie ist nicht immer in Berührung mit Menschen.

K Das verstehe ich, aber es genügt nicht.

T2 Warum wollen Sie es geographisch mit diesem Teil der Welt in Verbindung bringen?

K Geographisch – das werde ich Ihnen sagen. Alle alten Völker verehrten die Berge. Für die Griechen kamen die Götter von dort; und auch für die alten Sumerer waren es die Berge, war es das Gefühl, daß dort etwas Heiliges sei. Dann kommen Sie auf den Himalaya – es ist alles im *Dakshinamurti Stotra*. Die Mönche lebten dort, meditierten dort. Ist es noch immer dort oder wird es kommerzialisiert?

T3 Es ist dort, es kann nicht kommerzialisiert werden. Die Kommerzialisierung ist etwas anderes.

K Ist es da?

T3 Ja.

K Warum sagen Sie ja?

T3 Weil es da ist. Es ist ...

K Sir, Sie sind da, körperlich. Ich kann theoretisieren, wie der Körper konstruiert ist, doch Sie sind trotzdem da – man kann Sie berühren, fühlen, sehen, Sie tatsächlich dort sitzen sehen. Ist es genau so?

T3 Ja, es ist da, tatsächlich da. Es ist da.

K Es nützt nichts, daß Sie mir sagen: ›Es ist da, es ist da.‹ Wenn es da ist, warum ist dann dieser Teil der Welt so korrupt, so entsetzlich? Sie verstehen nicht, was ich sage.

T3 Ich sage, von Anfang an ist es da, aber die Beziehung, der Kontakt mit den Massen...

K Ich spreche nicht von den Massen. Sie sind es, Sie...

T3 Mit den Menschen...

K Mit Ihnen...

T3 Es ist schwächer geworden.

K Warum ist es vermindert, warum ist es schwächer geworden, warum ist es etwas Geringes geworden?

T3 Die Menschen haben kein Interesse.

K Und was bedeutet das?

T3 Sie sind mehr am Kommerziellen interessiert.

K Ja. Also es ist vorbei. Das macht nichts. Lassen wir diese Frage. Oder ist es dieses außerordentliche Eigeninteresse – Eigeninteresse in der Form von Wissen, in der Form von Buddhismus, Hinduismus? Das ist im Grunde alles Eigeninteresse. Und dieses Eigeninteresse nimmt auf der Welt in ungeheurem Maße zu, und das ist die Tür, die das andere ausschließt. Verstehen Sie?
Sir, vor einiger Zeit kamen drei sehr clevere Menschen – es waren Wissenschaftler – nach Brockwood, und wir sprachen miteinander. Sie versuchen, künstliche Intelligenz zu finden. Wenn sie die finden können, dann sind wir alle erledigt. Ihr Wissen, Ihre Veden, Ihre Upanishaden und Ihre Gita – alles ist erledigt, denn die Maschine kann es viel besser wiederholen, als Sie und ich es je könnten.

T1 Die Frage, die Sie eben gestellt haben, gibt eine wunderbare Gelegenheit für eine Gegenfrage. Und die Gegenfrage ist: Was Sie sagen, spricht uns an, doch wie können wir, in dieser Gesellschaft, es finden, erfahren und mitteilen?

K Sie können es nicht erfahren. Um es zu erfahren, muß es jemanden geben, der erfährt. Er hat tausend Erfahrungen; er fügt eine andere hinzu – das ist es gerade, worauf ich hinaus will. Es ist keine Erfahrung; es ist nicht etwas, das Sie und ich erfahren können. Es ist da, wie Elektrizität. Sie können sie bewundern, sie verehren, aber sie ist da.

T1 Die Menschen haben nur eine einzige Begabung, das ist die Fähigkeit zu erfahren, und das schnappen Sie weg. Und dann, woran sollen wir uns halten?

K Ich schnappe nichts weg, aber ich sehe, daß Erfahrung eine sehr geringfügige Angelegenheit ist. Ich erfahre; was dann?
Erfahrung gibt uns das Wissen, wie man einen Berg besteigt. Wir sind abhängig von Erfahrung, aber *das* kann nicht erfahren werden. Sie können Wasser nicht *erfahren*; es ist da. Ich kann Sex erfahren; ich kann erfahren, daß mich etwas trifft; daß mich jemand lobt.

T4 Wasser ist da, aber ich kenne es nur durch Erfahrung.

K Sie kennen es nur, weil Sie es wahrnehmen. Sie kennen seine Eigenschaften; sie schwimmen in ihm; aber das alles ist Teil Ihres Wissens darüber.

T2 Aber wenn ich kein Wissen hätte, dann hätte ich keine Erfahrung.

K Was Sie Erfahrung nennen, basiert auf Sinneswahrnehmung. Und unsere Sinneswahrnehmungen sind partiell, nie vollständig. Aber ein Beobachten, mit all Ihren wachen Sinnen – das ist keine Erfahrung. Sir, ich sehe dieses Stück Stoff und sage, es ist rot, denn ich bin konditioniert, es rot zu nennen. Wenn Sie konditioniert wären, es lila zu nennen, dann würden Sie es lila nennen. Das Gehirn ist immer durch Ihre Erfahrung konditioniert, durch die Reaktionen Ihrer Sinne – wie man argumentiert, wie man etwas leugnet und alles übrige. Angenommen, ich bin katholisch, dann ist meine ganze religiöse Einstellung Jesus, die Jungfrau Maria und all das Drum und Dran. Sind Sie Hindu oder Buddhist – entschuldigen Sie, ich vergleiche nicht –, dann kommt alles aus dieser Konditionierung. Wenn Sie deshalb sagen erfahren oder Sie müssen dies lernen oder jenes tun, kommt das alles aus einem Gehirn, das klein, das konditioniert worden ist.

T3 Wir kommen wieder zu dem Punkt, den wir diskutiert haben. Wir verstehen etwas von Konditionierung, von Eigeninteresse und so weiter. Es gibt die Möglichkeit, sich davon hinweg zu bewegen, und da hören wir dann einfach auf.

K Warum, Sir?

T3 Oder sollte ich sagen, das Sichwegbewegen ist nicht absolut möglich?

K Oder Sie bleiben, wo Sie sind – verstehen Sie? – und bewegen sich nicht weg. Bleiben Sie, wo Sie sind, und sehen Sie, was geschieht. Das heißt, Sir, Sie bleiben niemals ganz, bleiben nicht bei dem, *was* ist.

T3 Ja, das ist offensichtlich.

K Halt, Sir, halt, halt! Wir bleiben nie da. Wir bewegen uns, bewegen uns immer. Nicht wahr? Ich bin dies, ich will jenes sein – das ist ein Sichwegbewegen von dem, *was ist*.

T₃ Entweder wir bleiben, wo es ist, oder wir bleiben außerhalb der Bewegung.

K Was ist die Bewegung?

T₃ Veränderung, Zwang...

K Dann müssen wir verstehen, was Zeit ist, die Bewegung in der Zeit.

T₃ Ja.

K Wir müssen untersuchen, was Zeit ist – das, was wir täglich leben; Zeit als Vergangenheit, Zeit als Gegenwart, Zeit als Zukunft. Was also ist Zeit? Verstehen Sie, Sir? Es erfordert viel Zeit, Sanskrit zu lernen, die ältesten Lehren zu erforschen, verschiedene Literaturen – was die Alten sagten, was Buddha sagte, was Nagarjuna sagte und so weiter. Ein Handwerk zu lernen erfordert Zeit, eine Entfernung von hier nach dort zurückzulegen erfordert Zeit. Alles, was wir tun, erfordert Zeit. Also müssen wir fragen: Was ist Zeit?

T₄ Zeit ist das Mittel, etwas zu erreichen.

K Ja, Erfolg, Versagen, sich eine Sachkenntnis anzueignen, eine Sprache zu lernen, einen Brief zu schreiben, eine Entfernung von hier nach dort zurückzulegen und so weiter. Für uns ist das Zeit. Was ist Zeit?

T₄ Es ist eine Bewegung im Geist, eine subtile, unaufhörliche Bewegung des Geistes.

K Was ist dann das Gehirn? Was ist der Geist? Erfinden Sie nichts. Sehen Sie hin. Was ist das Gehirn?

T₅ Es ist sehr schwierig, einen Unterschied zwischen Gehirn und Geist festzustellen. Das unfreiwillige, fast unaufhörliche Einströmen der Gedanken in unbekannte Stimuli erklärt man als Zeit.

K Nein, Sir, Sie hören nicht zu. Da ist Zeit nach der Uhr: eine Entfernung zurückzulegen, eine Sprache zu lernen, das erfordert Zeit. Und außerdem haben wir zweieinhalb Millionen Jahre auf dieser Erde gelebt. Eine ungeheure Evolution hat stattgefunden, das ist Zeit. Was verstehen Sie unter Zeit?

T₄ Alles, was Sie eben erwähnt haben, ist physikalische Zeit. Doch das wirkliche Problem der Zeit scheint davon abzuhängen, wie sie in der Psyche wirkt. Da ist etwas Ungeklärtes, das wir klären wollen.

K Sir, bevor wir über den Geist sprechen, darf ich bescheiden fragen, was ist das Gehirn?

T₄ Das Gehirn dürfte die physische Basis oder die biologische Struktur des Geistes sein.

K Das Gehirn ist das Zentrum all unseres Handelns, das Zentrum aller unserer Sinnesreaktionen; es ist das Zentrum unseres gesamten Denkens, innerhalb des Schädels. Wie ist das Gehirn beschaffen, das die Frage stellt: Was ist Zeit? Wie nehmen Sie diese Frage auf?

T₁ Nachdem wir mit Ihnen diskutiert haben, haben wir verstanden, daß nur totale Aufmerksamkeit eine totale Transformation bewirken kann. Und da fängt das Problem an.

K Erlauben Sie, daß ich etwas sage? Zeit ist Vergangenheit, Zeit ist jetzt; und das Jetzt wird von der Vergangenheit kontrolliert, von der Vergangenheit gestaltet. Und die Zukunft ist eine modifizierte Form der Gegenwart. Ich mache es schrecklich einfach. Also ist die Zukunft *jetzt*. Daher die Frage: Wenn alle Zeit im Jetzt enthalten ist, alle Zeit – Vergangenheit, Gegenwart und Zukunft –, was meinen wir dann mit Veränderung?

T₁ Das Wort ›Veränderung‹ hat keinerlei Bedeutung.

K Nein, warten Sie. Das Jetzt enthält alle Zeit. Wenn das eine Tatsache ist – eine *Tatsache*, keine Theorie, nicht eine Art spekulativer Schluß-folgerung –, daß alle Zeit im Jetzt enthalten ist, ist dies die Zukunft, ist dies die Gegenwart. Da ist keine Bewegung auf etwas zu oder zu etwas hin. Da ist *keine* Bewegung. Bewegung impliziert Zeit, nicht wahr? Also gibt es *keine* Veränderung. Veränderung wird idiotisch. Dann bin ich, was ich bin: ich bin habgierig, und ich sage ja.

T₁ Es ist ein großer Unterschied zwischen Ihnen und uns, wenn wir auch dasselbe sagen.

K Oh, nein, nein. Ich lasse nichts dergleichen gelten.

T₁ Sie sagen, daß alle Zeit jetzt ist. Ich sage das auch: Alle Zeit ist jetzt. Aber wenn Sie das sagen und ich das sage, sind das zwei völlig ver-schiedene Dinge.

K Warum?

T₄ Weil es bei ihm aus der Logik und Spekulation kommt.

K Genau. Das bedeutet, Zeit ist im Spiel.

T₁ Wie können wir diese Schwierigkeit beseitigen?

T₄ Panditji, beantworten Sie die Frage: Wie können wir den Strom unterbrechen, in dem wir schwimmen?

T₁ Der Strom wird durch Logik unterbrochen. Es besteht eine große Kluft zwischen Ihnen und uns. Ich verstehe spekulativ, was Sie sa-gen. Das Problem ist: Wie entfernen wir diese Kluft? Denn wir sind zu einer gewissen Begegnung, einer Verständigung gekommen.

K Ich werde es Ihnen sagen. Nein, ich werde es Ihnen zeigen. Bitte, ich bin kein Guru. Ist das eine Tatsache? – Zeit ist jetzt; alle Zeit ist im

Jetzt enthalten, in dieser Sekunde. Das ist wirklich etwas ganz Außerordentliches: Zu sehen, daß die Zukunft, die Vergangenheit, jetzt ist. Ist das eine Tatsache – nicht eine Idee der Tatsache?

T4 Es gibt zweierlei: etwas wahrnehmen und sich etwas vorstellen. Nun stelle ich mir etwas vor, ich nehme es nicht wahr.

K Und was wollen Sie damit sagen?

T4 Nichts, aber ich möchte das weiter verfolgen – von der Vorstellung zur Wahrnehmung.

K Vorstellung ist keine Tatsache.

T4 Vorstellung ist keine Tatsache; Wahrnehmung ist eine Tatsache, und wir sind alle in der Vorstellung, in der Zeit, befangen. Die Gleichzeitigkeit von Vorstellung und Zeit muß unterbrochen werden. Man muß davon abkommen...

K Wer kommt ab?

T4 Ich meine, damit die Wahrnehmung wirken kann.

K Allein das Wort ›wirken‹ bedeutet Zeit.

T6 Einen Moment mal! Wenn ich mich hier einschalte und etwas sagen darf: Wenn alle Zeit das Jetzt ist, dann gibt es nichts anderes.

K Und das bedeutet?

T6 Daß man aufhört zu suchen.

K Jetzt nehmen Sie etwas vorweg.

T6 Ich nehme nichts vorweg. Wenn alle Zeit jetzt ist...

K Das könnte etwas ganz Außerordentliches sein, wenn Sie das betrachten. Das könnte der Urgrund des Mit-Gefühls sein. Das könnte der Urgrund erstaunlicher, undefinierbarer Intelligenz sein. Sie können nicht sagen, alle Zeit ist jetzt, wenn es keine Realität ist. Alles andere hat keine Bedeutung. Ich weiß nicht, ob ich mich verständlich mache.
Sir, alle Zeit ist im Jetzt enthalten, es gibt keine Bewegung. Was ich jetzt tue, werde ich morgen tun. Also ist morgen jetzt. Was soll ich tun, wenn die Zukunft – morgen – jetzt ist? Ich bin habgierig, neidisch, und ich werde morgen neidisch sein. Gibt es eine Möglichkeit, diese Habgier *augenblicklich* zu beenden?

T1 Das ist sehr schwierig.

K Es ist überhaupt nicht schwierig. Ich sehe, daß ich heute habgierig bin, heute neidisch, morgen werde ich habgierig und neidisch sein, es sei denn, etwas geschieht *jetzt*. Es ist sehr wichtig, daß *jetzt* etwas stattfindet. Kann ich *jetzt* anders werden, mutieren?
Es gibt eine Bewegung, die nicht aus der Zeit ist, wenn eine radikale

Mutation stattfindet. Verstehen Sie, Sir? Vor zweieinhalb Millionen Jahren sind wir Barbaren gewesen. Wir sind noch immer Barbaren; wir wollen Macht, Prestige, wir töten einander, sind neidisch, wetteifern miteinander, all das. Sie haben mich mit der Behauptung konfrontiert: Alle Zeit ist *jetzt*. Ich habe keine Fluchtmöglichkeiten, ich habe keine Tür, durch die ich dieser zentralen Tatsache entfliehen kann. Ich sage zu mir selbst: Mein Gott, wenn ich mich jetzt nicht ändere, wird morgen oder tausendmal morgen dasselbe sein. Ist es mir also möglich, jetzt vollkommen zu mutieren? Ich sage ja.

T₄ Können Sie uns sagen, wie?

K Nicht *wie*, Sir. In dem Moment, in dem Sie *wie* sagen, sind Sie bereits im Prozeß der Zeit: Ich sage Ihnen dies, dies, dies, und Sie sagen, ich will dies tun, dies, um jenes zu erreichen. Sie können es nicht erreichen, denn *Sie sind das, was Sie jetzt sind*.

T₆ Das bedeutet, daß in meinem Anhören Ihrer Behauptung ›Alle Zeit ist jetzt‹ eine Art von Habgier enthalten ist.

K Natürlich.

T₆ Also muß ein reineres Zuhören stattfinden.

K Also, Sir, da ist kein Wissen, da ist keine Meditation, da ist keine Disziplin. Alles hört auf. Darf ich die Frage anders stellen? Nehmen wir zum Beispiel an, ich weiß, daß ich sterben muß. Es besteht eine Zeitspanne zwischen jetzt und dem Tod: das heißt, ich werde am ersten Januar sterben. (Ich werde nicht wirklich am ersten Januar sterben!) Die Ärzte haben mir gesagt, sagen wir, ich habe unheilbaren Krebs und ich kann den ersten Januar nicht überleben. Also bleiben mir zwei Monate, bis ich sterbe. Wenn alle Zeit jetzt ist, dann sterbe ich. Also habe ich keine Zeit; ich will keine Zeit. Also ist der Tod jetzt. Kann das menschliche Gehirn jederzeit mit dem Tod leben? Verstehen Sie?

Ich werde sterben – das ist sicher. Und ich sage: Um Gottes willen, warte doch! Aber ich erkenne die Tatsache, daß alle Zeit jetzt ist – das bedeutet Tod und Leben sind zusammen; sie sind niemals getrennt. Und das Wissen trennt mich davon – das Wissen, daß ich Ende Januar sterben werde –, und ich bekomme Angst; ich sage: Bitte, bitte, warte, warte, warte, ich muß ein Testament machen, ich muß dies tun, ich muß jenes tun. Wenn ich aber mit dem Tod lebe, dann tue ich es jederzeit; das heißt, ich mache mein Testament. Ich sterbe jetzt, das heißt, ich lebe. Ich lebe, und der Tod wohnt nebenan; es gibt keine Scheidung oder Trennung zwischen Leben und Sterben.

Können Sie das, Sir, oder ist es unmöglich? Das bedeutet, der Tod sagt: ›Du kannst nichts mit Dir nehmen.‹ Dein Wissen, Deine Bücher, Deine Frau und Kinder, Dein Geld, Deinen Charakter, Deine Eitelkeit, alles, was Du für Dich aufgebaut hast – alles geht zuende mit dem Tod. Sie können sagen, es besteht die Möglichkeit, daß Sie wiedergeboren werden. Aber ich frage Sie: Können Sie jetzt leben ohne die geringste Gebundenheit an irgend etwas? Warum verschieben Sie es – das ist Gebundenheit – bis zum Krankenbett? Seien Sie *jetzt* frei von Gebundenheit.

T6 Dürfen wir still mit Ihnen sitzen?

K (*willigt ein*)

T1 Sie haben die Diskussion mit der Frage begonnen: Was ist dieses Etwas, und gibt es dieses Etwas in diesem Land? Ist es *dies*?

K (*nickt, dann, nach einem langen Schweigen*) Sehen Sie, es ist nicht schwierig. Es ist so einfach. Ich persönlich will kein Ansehen; ich will nicht dieses Gefühl: ›Ich weiß, und Sie wissen nicht.‹ Von Natur aus bin ich ein sehr bescheidener Mensch, sehr scheu, respektvoll, freundlich. Was wollen Sie also? Verstehen Sie, Sir? Wenn Sie auf dieser Ebene anfangen können... Gut. Das ist genug. Ich will Ihnen einen Witz erzählen.

Es waren einmal drei Heilige auf dem Himalaya – natürlich, es kann ja nur auf dem Himalaya sein! Zehn Jahre verstreichen, dann sagt einer von ihnen: »Oh, was ist das für ein lieblicher Abend!« Wieder verstreichen zehn Jahre, und der andere sagt: »Ich hoffe, es wird regnen.« Weitere zehn Jahre vergehen, und der dritte sagt: »Ich wünschte, Ihr beide würdet schweigen.«

Diskussion mit Buddhisten
11. November 1985

Krishnamurti (**K**): Sir, ich möchte Ihnen verschiedene Fragen stellen. Gibt es eine Trennungslinie, eine Grenze, wo das Eigeninteresse endet und wo ein Zustand beginnt, der nicht Eigeninteresse ist? Wir alle haben Eigeninteresse: Es ist im Wissen, in der Sprache, in der Wissenschaft, in jedem Teil unseres Lebens enthalten. Auf jedem Gebiet unseres Lebens herrscht Eigeninteresse, und das hat verheerende Auswirkungen. Und wie weit erstreckt es sich? Und wo ziehen wir die Grenze und sagen: Hier ist es notwendig, dort ist es durchaus nicht notwendig? Im täglichen Leben, nicht in der Wissenschaft, in der Mathematik, im Wissen. Ich spreche über Fakten, nicht über Theorien.

Erster Teilnehmer (**T**₁): Diese Frage ist sehr schwierig zu beantworten, wenn Sie gewisse Bedingungen festlegen, wie etwa die Schwierigkeiten, denen wir in der Gesellschaft begegnen; wenn Sie jedoch keine Bedingungen festlegen, dann werde ich versuchen zu antworten.

K Gut, ich lasse die Bedingungen weg. Nicht ich lasse sie weg, das Leben ist so. Ich lege die Bedingungen nicht fest, ich mache keine Gesetze, wie Sie denken sollten, sondern das Leben zeigt mir, daß in jeder Tätigkeit in jedem Teil der Welt das Eigeninteresse vorherrscht. Wir spielen mit der Religion, wir spielen mit K wie mit einem Spielzeug, wir spielen mit allem möglichen, doch der Faden des Eigeninteresses ist sehr, sehr stark, und ich frage mich, wo beginnt es, und kann es ein Ende haben? Wo fängt es an, wo endet es, oder gibt es überhaupt kein Ende? Gott ist mein Eigeninteresse, ebenso wie Zeremonien, Gelehrsamkeit, Wissenschaft. Der Mann dort an der Ecke, der Tabak verkauft, ist erfüllt von Eigeninteresse.

T₁ Meine Antwort ist von Bücherwissen beeinflußt, aber ich will versuchen, aus meiner eigenen Erfahrung als individueller Mensch zu antworten.

K Ja, als Mensch – selbst aufgrund Ihrer Bücher, Ihrer Studien müßten

Sie, müßte jeder diese Frage auf die eine oder andere Weise gestellt haben.

T1 Wenn ich versuche, mich selbst zu verstehen, mich selbst zu betrachten, so wie ich wirklich bin, dann ordne ich mich selbst in bestimmte Kategorien ein. Wenn ich versuche, mich in meinen Handlungen zu erkennen, in meinen Beziehungen zu anderen Menschen, dann entdecke ich darin ein Element des Eigeninteresses, und ich kann mit einiger Mühe versuchen, frei zu sein von diesem Eigeninteresse, und ich mache mich zu einem gewissen Grade davon frei.

K Aber auch das ist Eigeninteresse.

T1 Wenn ich versuche, mich in meiner Existenz, meinem Dasein einzurichten, dann werden meine Handlungen egozentrischer, und in dem Maße, in dem ich versuche mich freizumachen, nimmt das Eigeninteresse ab.

K Nein, Sie verstehen mich nicht richtig. Ich will es ganz, ganz einfach sagen. Je einfacher wir denken, um so besser handeln wir, um so besser können wir etwas ins Auge fassen. Die Probleme fangen in der Kindheit an – ich muß zur Schule gehen, ich muß lesen und schreiben lernen, ich muß Mathematik lernen. Das ganze Leben wird zum Problem, denn ich sehe das Leben grundsätzlich als ein Problem. Im Englischen bedeutet ein Problem etwas, das einem zugeworfen wird. *Problema* kommt aus dem Griechischen; es bedeutet etwas, das einem entgegengeschleudert wird, und man muß darauf reagieren. So ist mein Gehirn von Kindheit an konditioniert, mit Problemen zu leben und Probleme zu lösen – und diese Probleme können niemals gelöst werden. Und ich mache so weiter, Problem auf Problem; mein ganzes Leben wird zum Problem. Und ich sage, ich will so nicht leben, es ist falsch, so zu leben. So frage ich mich, schafft das Eigeninteresse das Problem, oder kann der Geist, das Gehirn, frei von Problemen sein und daher mit Problemen fertig werden? Sehen Sie den Unterschied? Ich weiß nicht, ob ich mich verständlich mache. Es ist eine Tatsache, daß ich in die Schule gehen, lernen, lesen muß und so weiter. Mein Gehirn wird allmählich konditioniert, mit Problemen zu leben, das Gehirn wird zum Problem – alles wird zum Problem. Also wende ich mich an Sie, um dieses Problem des Gehirns, das mit Eigeninteresse zusammenhängen könnte, zu lösen.

T1 Probleme schaffen oder bekommen und versuchen, sie zu lösen, ist eine Lebensregel für uns geworden, und auf diese Gewohnheit gründet sich mein Dasein.

K Deshalb ist Ihr Dasein ein Problem. Doch Sie mißverstehen mich. Ihr Dasein ist die Identität mit Ihrem Land, mit der Literatur, mit der Sprache, mit den Göttern; Sie sind identifiziert, deshalb haben Sie an einem Ort Wurzeln geschlagen, deshalb wird das zu Ihrem Dasein. Es gibt kein anderes Dasein außer diesem – kein spirituelles Dasein, Gott-Dasein –, ich glaube an das alles nicht; ich bin vollkommen skeptisch. So sage ich zu mir selbst, warum habe ich, warum haben Sie das Leben, das man leben sollte wie ein prächtig wachsender Baum, zu so etwas gemacht? So kann ich nicht leben, so *will* ich nicht leben. Ob Gott existiert usw. – das ist mir völlig gleichgültig, ich schiebe das völlig beiseite, und ich sage mir, ich will nicht so leben, wie du lebst, ich *will* nicht. Ich will lieber fortgehen in die Berge, als so zu leben. Ihr habt das Leben zerstört, ihr habt das Leben durch Wissen, durch Wissenschaft, durch Computer zerstört – ihr habt mein Leben zerstört. Ich kann mich in die Berge zurückziehen, aber das wäre sinnlos.

T1 Warum ist Ihnen soviel daran gelegen, das zu schützen, was Sie Leben nennen. Angenommen, ich verrate es, ich zerstöre es, was hat das schon zu bedeuten?

K Ich sage nicht, ich will leben, darauf kommt es mir nicht an. Ich sage, warum lebe ich auf diese Weise? Ich schütze es nicht, indem ich dies frage. Warum muß ich diesen schrecklichen Prozeß durchmachen? Sex wird ein Problem, Essen wird zum Problem, alles ist ein Problem. Und ich will keine Probleme haben, das heißt nicht, daß ich das Leben verleugne. Ich will keine Probleme, daher begegne ich Problemen. Da mein Gehirn sich nicht auf Probleme einläßt, kann ich allen Problemen begegnen.

T1 Wenn ich Sie richtig verstehe, sagen Sie, daß Probleme nicht aufkommen sollten, Probleme sollten Ihr Dasein nicht einengen. Sie wollen das Leben nicht verleugnen, aber Sie wollen nicht von Problemen berührt werden.

K Nein, nein. Sie haben mich völlig mißverstanden. Ich sage, von der Geburt bis zum Tode wird das Leben als Problem behandelt: Schule, College, Universität, dann Job, Heirat, Sex, Kinder – eins von ihnen ist ungezogen oder ist ein Genie, und ich benutze den Jungen oder beute ihn aus, und so geht es das ganze Leben. Dann wird der Tod zum Problem. Dann sage ich, gibt es ein Weiterleben, Wiedergeburt und das alles? Sehen Sie, was die Menschheit getan hat? Das ist das Leben. Warum kann mein Gehirn nicht einfach genug, frei genug sein, um zu sagen, das ist ein Problem, und löst es? Das heißt, das Gehirn ist frei, es zu lösen, und nicht weitere Probleme hinzuzufügen.

T2 Wenn ich mir erlauben darf, Sir, das Problem kommt nicht von außen; das Problem entsteht in diesem Gehirn, das sich von diesem Problem nährt, das dieses Problem schafft. Warum zerstört es das nicht sofort, im selben Augenblick?

K Weil es kein Problem gelöst hat.

T1 Hat das Gehirn diese Fähigkeit, etwas zu beenden?

K Ja, aber ich muß einen Punkt herausheben, klären. Das Gehirn ist das Zentrum all unserer Nerven, all unserer Sinneswahrnehmungen, all unserer Reaktionen, unseres Wissens, unserer Beziehungen, Zwistigkeiten und allem übrigen. Es ist das Zentrum unseres Bewußtseins, und dieses Bewußtsein behandeln wir, als sei es unser eigenes – *mein* Bewußtsein. Ich sage, es ist nicht mein eigenes; es ist nicht etwas Persönliches, das K gehört. Und es ist nicht Ihres, denn jeder Mensch auf der Erde macht diese Tortur durch – Schmerz, Kummer, Vergnügen, Sex, Furcht, Angst, Unsicherheit, hofft auf etwas Besseres und so weiter; das ist unser Bewußtsein. Also ist dieses Bewußtsein nicht das Ihre; es ist menschlich. Es ist die Menschheit. Ich bin die Menschheit – nicht Sie alle und ich. Ich bin die Menschheit.

T3 Mir scheint, daß wir zwei Arten des Handelns kennen: eine, die vom Gehirn erdacht, kalkuliert ist und die deshalb unweigerlich den Kern des Eigeninteresses in sich trägt, von Eigeninteresse motiviert ist. Ich glaube nicht, daß das Gehirn fähig ist, irgend etwas zu tun, das nicht den Kern des Eigeninteresses in sich trägt, denn es ist das Instrument, das für diesen Zweck bestimmt ist. Doch es gibt auch ein spontanes Handeln, das wir gelegentlich erleben, das nur aus Liebe geboren wird, nicht als ein Produkt des Denkens. Und weil der Mensch nicht weiß, was er mit dieser Art des Handelns anfangen soll, hat er das andere kultiviert – er hat das kultiviert, was das Gehirn gut kann, was es kalkulieren kann, was es leisten kann, und die ganze Welt ist deshalb mit solcher Aktivität erfüllt, solchem Handeln. Und das ist unser Leben geworden. Und das andere, das, was das Wesentliche ist, geschieht hin und wieder.

K Davon spreche ich im Augenblick noch nicht. Der Geist ist etwas anderes als das Gehirn – ist vollkommen getrennt –, hat nicht die geringste Beziehung zu ihm. Liebe hat keine Beziehung zu Eigeninteresse. Bringen Sie die Liebe jetzt nicht ins Gespräch. Tatsache ist, daß Liebe existieren könnte. Wir mögen Sympathie, Mitgefühl, Zuneigung, Mitleid haben – doch das ist nicht Liebe, also lassen wir das beiseite. Das ist alles nur für den Augenblick. Liebe und Eigeninteresse können nicht zusammen existieren. Probleme und Liebe können nicht zusammen existieren. Deshalb haben Probleme keine Bedeutung, wenn das andere existiert. Wenn das andere ist, sind Probleme nicht.

T3 Ich bin nicht sicher, ob sie nicht gleichzeitig existieren können. Sie sind voneinander unabhängig; aber ich glaube, selbst ein Mensch, der Eigeninteresse hat und der Probleme hat, handelt gelegentlich ohne Einmischung des Gehirns – aus Liebe. Deshalb würde ich nicht sagen, daß die Existenz des Gehirns die Liebe völlig verleugnet.

K Sir, ich finde, es ist genauso, wie wenn man gelegentlich ein schlechtes Ei bekommt. Ich will jeden Tag ein gutes Ei – nicht gelegentlich. Deshalb frage ich Sie alle, wo beginnt das Eigeninteresse und wo endet es? Gibt es ein Ende des Eigeninteresses? Oder ist alles Handeln aus Eigeninteresse hervorgegangen? Sagen Sie nicht ›gelegentlich‹; das interessiert mich nicht. Gelegentlich schaue ich aus dem Fenster, und das Fenster ist sehr schmal; ich bin in einem Gefängnis.

Also folgen Sie mir bitte einen Moment. Im Weltall herrscht eine erstaunliche Ordnung. Ein schwarzes Loch ist ein Teil dieser Ordnung. Wo immer der Mensch hinzukommt, schafft er Unordnung. Deshalb frage ich: kann ich, als ein Mensch, der die übrige Menschheit ist, zuerst in mir selbst Ordnung schaffen? Ordnung bedeutet kein Eigeninteresse.

T4 Sir, das Problem ist, daß es nicht leicht ist, auf der Basis eines gemeinsamen Bewußtseins den Kern zu verleugnen, der sich allmählich als das begrenzte Selbst, das gierige Selbst herauszubilden beginnt, für das alle Probleme real sind, nicht eingebildet. Ich meine, ich habe es mit Krankheit, ich habe es mit dem Tod zu tun – wie kann man diese Dinge so betrachten, als seien sie keine Probleme?

K Sagen Sie, daß das Selbst das Problem ist? Warum machen wir das zum Problem? Warum sagen Sie, das Selbst sei das Problem? Vielleicht machen wir es zu einem Problem und fragen dann: Wie kann ich dem entkommen? Wir betrachten nicht das Problem. Wir sagen nicht, das Selbst ist das Problem, ich möchte es verstehen, ich möchte diese Kostbarkeit betrachten, ohne sie zu verurteilen. Eben dieses Verurteilen ist das Problem. Verstehen Sie, was ich meine? Deshalb will ich es nicht verurteilen, ich will es nicht unterdrücken, ich will es nicht verleugnen, ich will es nicht transzendieren; ich will es nur zuerst einmal betrachten.

T4 Sir, stellen Sie sich einen Menschen vor, der einen Dorn in seinem Körper hat und Schmerzen leidet. Der Schmerz des Dorns ist ähnlich wie die Zwänge und Probleme, denen das Selbst ausgesetzt ist.

K Nein, Sir. Wenn ich einen Dorn in meinem Fuß habe, sehe ich ihn zunächst an, ich erfahre den Schmerz. Ich frage mich, warum habe ich darauf getreten, warum habe ich nicht aufgepaßt? Was stimmt nicht mit meiner Beobachtung, mit meinen Augen? Warum habe ich nicht gesehen, wohin ich getreten bin? Ich weiß, wenn ich ihn sähe, würde ich ihm ausweichen. Also habe ich ihn nicht gesehen. Wenn der Schmerz da ist, dann handle ich. Ich habe nicht gesehen, was vor meinem Fuß war. Also habe ich nicht aufgepaßt. Also sage ich, was ist mit meinem Gehirn los, daß es das nicht gemerkt hat? Wahrscheinlich hat es an etwas anderes gedacht. Warum hat es an etwas anderes gedacht, als ich auf diesem Weg ging? Sehen Sie, Sir?

T5 Aber im Fall von psychischen Problemen sind der Beobachter und das Beobachtete hoffnungslos miteinander verstrickt.

K Nein. Wir sind vom Thema abgekommen. Lassen Sie uns bei einem Problem, einer Frage bleiben. Wo beginnt das Eigeninteresse und wo endet es, und kann es überhaupt ein Ende haben? Und wenn es endet, was ist das für ein Zustand?

T6 Darf ich eine Antwort wagen? Wahrscheinlich beginnt das Eigeninteresse dort, wo das Selbst beginnt, und das Selbst ist an den Körper gebunden.

K Ich bin nicht sicher.

T6 Sie gehören zusammen. Die Idee des »Ich«-Seins und mein Ins-Dasein-Kommen, sie gehören zusammen.

K Das sagen Sie, nicht ich.

T6 Meiner Ansicht nach beginnt die eigentliche Idee des Selbst mit dem Ins-Dasein-Kommen dieses Körpers, und das Selbst und Eigeninteresse gehören zusammen. Eigeninteresse kann nur enden, wenn das Selbst endet. Und ein Teil des Selbst ist so lange vorhanden, wie der Körper besteht. Es kann also letzten Endes nur mit dem Tod enden. Bis dahin können wir nur das Eigeninteresse sublimieren, indem wir es allmählich verstehen, doch wir können es nicht völlig verleugnen, solange der Körper existiert. So sehe ich es.

K Ich verstehe. Man entdeckt nun in der Wissenschaft, daß das Baby, wenn es geboren ist und gestillt wird, sich geborgen fühlt, und es beginnt zu lernen, wer die Freunde seiner Mutter sind, wer sie anders behandelt, wer gegen sie ist. Es beginnt das alles zu spüren, weil die Mutter es spürt. Es geht durch die Mutter – wer ein Freund ist und wer kein Freund ist. Das Baby beginnt, sich auf die Mutter zu verlassen. Da beginnt es also. Es fühlte sich ganz sicher im Mutterleib, und wenn es plötzlich in die Welt gesetzt wird, beginnt es zu verstehen, daß die Mutter seine einzige Sicherheit ist. Da beginnt es, sich sicher zu fühlen. Und das ist unser Leben. Und ich bezweifle, daß es überhaupt Sicherheit gibt.

T2   Sir, nach dem Erdbeben in Mexiko fand man noch lebende Babies, elf Tage nachdem sie völlig unter der Erde begraben waren, und die Neugeborenen waren unverletzt. Und der mexikanische Gesandte erzählte mir, daß das Kind, als es aus dem dunklen Ort herausgeholt worden war, sich genau so verhielt, als wenn es aus dem Mutterleib gekommen wäre.

K   Es war so, als wäre es noch im Mutterleib gewesen.

T3   Sir, den Selbsterhaltungstrieb gibt es auch beim Tier, doch als es sich in den Menschen entwickelte, begann es Probleme zu haben. Das Tier schafft keine Probleme. Wenn wir glauben, was die Wissenschaftler sagen, daß der Mensch sich aus dem Tier entwickelt hat, dann hat er alle Instinkte, die das Tier hat. Der wesentliche Unterschied ist, daß der Mensch außerdem die Fähigkeit hat zu denken, und diese Fähigkeit zu denken hat auch alle diese Probleme hervorgerufen. Und Ihre Frage ist, können wir diese Fähigkeit nutzen, nicht um Probleme zu schaffen, sondern um etwas völlig anderes zu tun?

K   Ja, Sir, das meine ich.

T7   Das Gehirn ist der Ursprung aller Probleme. Es hat das Selbst geschaffen, und damit auch alle Probleme. Sie nehmen an, daß das Gehirn alle Probleme beenden kann. Was ist dann der Unterschied zwischen dem Gehirn, das beendet hat, und dem Geist?

T6   Sie sagten, daß das Gehirn der Ursprung der Probleme ist, und aus dem Gehirn kommt das Enden der Probleme. Wenn diese enden, bleibt das Gehirn, es denkt, es nimmt wahr, es empfängt Mitteilungen. Was ist der eigentliche Unterschied zwischen diesem Gehirn und dem Geist?

K   Ich verstehe, ich verstehe. Einen Moment mal! Sehen Sie, Sie stellen eine Frage, die mit dem Tod zusammenhängt. Bevor ich diese Frage beantworten kann, muß ich beantworten, was Tod ist. Es gibt ein italienisches Sprichwort, das sagt: Alle Welt muß sterben, vielleicht sogar auch ich! Sehen Sie den Witz darin? Also, was ist Tod? Wir wissen, was Geburt ist – Mutter, Vater, alles, was dazu gehört, und das Baby wird geboren und durchlebt diese ungeheure Tragödie. Es ist eine Tragödie; es ist nicht etwas Glückliches, Freudiges, Freies. Es ist eine größere Tragödie, als irgendein Shakespeare sie jemals geschrieben hat. Also, ich weiß, was Geburt ist. Aber, was ist Tod? Das ist meine Frage; sagen Sie es mir.

T1 Als wir neulich über Zeit diskutierten, sprachen Sie von einem »Jetzt«, in dem alle Zeit enthalten ist, die des Lebens und die des Todes. Das Gehirn, das die Fähigkeit hat, den Fluß des Lebens zu sehen, hat auch die Fähigkeit, das Ende zu enthüllen, nämlich den Tod. Das ist die Antwort.

K Ich habe gesagt, Leben ist Gebundenheit, Schmerz, Furcht, Vergnügen, Angst, Unsicherheit, der ganze Kram, und der Tod ist dort draußen, weit weg. Ich halte mich in sicherer Entfernung. Ich habe Vermögen, Bücher, Schmuck; das ist mein Leben. Ich habe es hier, und der Tod ist dort. Ich sage, führe die beiden zusammen, nicht morgen, sondern *jetzt* – und das bedeutet, beende dies alles *jetzt*. Denn das ist es, was der Tod sagen wird. Der Tod sagt, du kannst nichts mitnehmen; also lade den Tod ein – nicht Selbstmord –, lade den Tod ein und lebe mit ihm. Der Tod ist jetzt, nicht morgen.

T1 Hier fehlt etwas. Ich mag fähig sein, den Tod jetzt willkommen zu heißen, und das Gehirn mag eine Zeitlang still sein, aber das Ganze kommt wieder zurück; dann kommt das Problem des Lebens zurück.

K Nein, nein. Ich hänge an ihm, er ist ein Freund von mir, ich habe mit ihm gelebt, wir sind miteinander gewandert, wir haben miteinander gespielt, er ist mein Gefährte, und ich hänge an ihm. Der Tod sagt zu mir: Du kannst ihn nicht mit dir nehmen. Das sagt der Tod zu mir. Mach dich jetzt frei, nicht erst zehn Jahre später. Und ich sage: Ganz recht, ich werde frei von ihm sein. Obwohl ich noch immer sein Freund bin, bin ich keineswegs von ihm abhängig. Denn ich kann ihn nicht mit mir nehmen. Was ist daran falsch? Sie streiten das nicht ab?

T3 Das bedeutet, Sir, daß Sie alle Freuden aufgeben müssen ...

K Nein. Das sage ich nicht. Ich sagte Gebundenheit.

T5 Jede Gebundenheit ...

K Das ist alles.

T8 Sir, ist es möglich, diese zu beenden, solange die beiden Körper existieren?

K O ja, Sir. Unsere Körper sind nicht aneinander gefesselt; es sind zwei getrennte Körper. Psychisch betrachte ich ihn als Freund und werde langsam innerlich an ihn gebunden. Ich bin nicht äußerlich an ihn gebunden, denn er geht den einen Weg und ich einen anderen – er trinkt, ich nicht, und so weiter. Aber er ist trotzdem mein Freund. Und der Tod kommt und sagt: Du kannst ihn nicht mit Dir nehmen. Das ist eine Tatsache. Also sage ich, gut, ich werde mich jetzt von ihm lösen.

T3 Sir, kommt vielleicht das Problem nicht daher, daß Sie sich an Ihrem Freund und Ihrer Frau erfreuen, sondern daß Sie allmählich diese Freude zur Selbsterfüllung benutzen und deshalb wünschen, daß es andauert und Sie diese Person besitzen wollen?

K Ja. Deshalb, was ist Beziehung? Ich will darauf nicht eingehen, wir haben keine Zeit. Sir, Sie sehen nicht, worauf es mir ankommt. Ich fragte Sie, wo das Eigeninteresse beginnt und endet. Ist das Enden wichtiger als alles andere? – Das Enden? Und was ist dann der Zustand, in dem es überhaupt kein Eigeninteresse gibt? Ist es der Tod – der ein Enden bedeutet? Tod bedeutet Enden – alles beenden. Also sagt er: »Sei klug, mein Lieber, lebe mit dem Tod zusammen.«

T3 Das heißt, stirb, aber behalte den Körper. Der andere Tod kommt sowieso.

K Den Körper? Gib ihn den Vögeln oder wirf ihn in den Fluß. Aber psychisch kann ich dieses ungeheure Gebilde, das ich aufgebaut habe, nicht mitnehmen.

T3 Ist es ein Instinkt, Sir? Ist es Vererbung durch die Gene?

K Ja, wahrscheinlich. Aber die Tiere denken nicht so; ich habe verschiedene Tiere beobachtet.

T3 Nein, deshalb bin ich nicht sicher, ob es ein Instinkt ist.

K Das sage ich ja gerade. Reduzieren Sie es nicht auf einen Instinkt, Sir.

T8 Was war das für ein Witz, den Sie uns erzählen wollten?

K Ein Mann stirbt und trifft seinen Freund im Himmel. Sie sprechen miteinander, und er sagt: »Wenn ich tot bin, warum fühle ich mich dann so elend?«

Rede
18. November 1985

Ich frage mich, warum Sie alle hier sind. Warum haben wir uns alle
hier versammelt, am Ufer des Ganges? Wenn jemand Ihnen ernstlich diese Frage stellte, was würden Sie antworten? Ist es nur, weil
Sie diesen Mann früher schon einige Male reden hörten, deshalb
sagen Sie, gehen wir hin und hören ihn an? Welche Beziehung hat
das, was er sagt, zu dem, was Sie tun? Sind das zwei verschiedene
Dinge? – Hören Sie sich nur das an, was er zu sagen hat, und kehren
zurück zu Ihrem gewohnten Alltagsleben? Haben Sie unsere Frage
verstanden?
Wir beide werden, wie zwei alte Freunde, die unter einem Baum
sitzen, miteinander nicht über abstrakte, theoretische Probleme
sprechen, sondern über unser tägliches Leben, was viel wichtiger ist.
Wir haben so viele Probleme: Wie meditiert man, welchem Guru
sollte man folgen – falls Sie einem folgen wollen –, welche Übungen
sollte man machen, welcher täglichen Beschäftigung sollte man
nachgehen, und so weiter. Und weiter, welche Beziehung haben wir
zur Natur – zu all den Bäumen, Flüssen, Bergen, Ebenen und Tä-
lern? Welche Beziehung haben wir zu einer Blume, zu einem Vogel,
der vorüberfliegt? Und welche Beziehung haben wir zueinander –
nicht zu dem Sprecher, sondern Sie zueinander –, zu Ihrer Frau,
Ihrem Mann, Ihren Kindern, zur Umwelt, zu Ihrem Nachbarn, Ihrer Gemeinde, der Regierung und so weiter? Wie ist unsere Beziehung zu all dem? Oder sind wir nur jeder für sich, nur um uns selbst
besorgt, zutiefst interessiert nur an unserem eigenen Leben?
Wir stellen alle diese Fragen als wahre Freunde, nicht als ein Guru.
Der Sprecher hat nicht die geringste Absicht, Sie zu beeindrucken,
Ihnen zu sagen, was Sie tun sollen, oder Ihnen zu helfen. Bitte, behalten Sie das während der ganzen Reden im Auge. Er hat nicht die
geringste Absicht, Ihnen zu helfen. Ich werde Ihnen sagen, warum,
den Grund, die Logik darin. Sie haben eine große Anzahl Gurus,
Tausende, eine große Anzahl von Helfern – Christen, Hindus, Buddhisten, Führer aller Art –, nicht nur politische, sondern auch soge-

nannte religiöse. Sie haben bedeutende und unbedeutende Führer gehabt. Und wo stehen Sie am Ende dieser langen Evolution?

Wir haben auf dieser Erde angeblich eine Million Jahre gelebt, und während dieser langen Evolution sind wir Barbaren geblieben. Wir mögen sauberer sein, schneller in der Kommunikation, bessere Hygiene, Beförderungsmittel und so weiter haben, doch moralisch, ethisch und – wenn ich das Wort gebrauchen darf – spirituell, sind wir noch immer Barbaren. Wir töten einander nicht nur im Krieg, sondern auch mit Worten, mit Gebärden. Wir sind sehr wettbewerbsorientiert. Wir sind sehr ehrgeizig. Jeder ist um sich selbst besorgt. Eigeninteresse ist der vorherrschende Zug in unserem Leben – die Sorge um unser eigenes Wohlbefinden, unsere eigene Sicherheit, unseren Besitz, Macht und so weiter. Sind wir etwa nicht um uns selbst besorgt – spirituell, religiös, im Erwerbsleben? Überall auf der Welt sind wir um uns selbst besorgt. Das bedeutet, daß wir uns vom Rest der Menschheit isolieren. Das ist eine Tatsache; wir übertreiben nicht. Wir sagen nicht etwas, das nicht wahr ist.

Wohin man auch gehen mag – der Sprecher war überall auf der Welt und ist noch immer unterwegs –, was geschieht? Immer mehr Waffen, Gewalt, Fanatismus, und dieses große, tiefe Gefühl der Unsicherheit, der Ungewißheit und des Getrenntseins – in Sie und ich – ist ein gemeinsames Kennzeichen der Menschheit. Bitte, wir sehen uns Tatsachen gegenüber, nicht Theorien, nicht irgendwelchen fernen theoretischen, philosophischen Behauptungen. Wir stellen Tatsachen fest. Nicht *meine* Tatsachen im Gegensatz zu *Ihren* Tatsachen, sondern Tatsachen. Jedes Land der Welt, wie Sie alle wissen müssen, häuft Waffen an – jedes Land, wie arm auch immer, wie reich auch immer. Nicht wahr? Sehen Sie sich Ihr eigenes Land an – die ungeheure Armut, Unordnung, Korruption, Sie alle wissen das, und das Anhäufen von Waffen. Früher war es ein Knüppel, mit dem man einen anderen tötete, heute kann man die Menschheit millionenweise mit einer Atombombe oder Neutronenbombe zerstäuben. Eine ungeheure Revolution ist im Gange, von der wir nur sehr wenig wissen. Die Technologie entwickelt sich so schnell, daß über Nacht schon etwas Neues da ist. Doch in ethischer Hinsicht sind wir, wie wir seit einer Million Jahren gewesen sind. Sehen Sie den Gegensatz? Im technologischen Bereich haben wir den Computer, der den Menschen im Denken übertreffen wird, der neue Meditationen erfinden kann, neue Götter, neue Theorien. Und der Mensch – das heißt, Sie und ich –, was wird mit unserem Gehirn geschehen? Der Computer kann fast alles tun, was Menschen können, außer natürlich Sex haben und den neuen Mond betrachten. Das ist nicht irgendeine Theorie, es geschieht schon jetzt. Was also wird mit uns als Menschen geschehen?

Wir wollen Unterhaltung. Wahrscheinlich gehört das zu Ihrer Vorstellung von Unterhaltung, hierherzukommen und hier zu sitzen und zuzuhören, zustimmend oder ablehnend, und dann nach Hause zu gehen, um wie bisher weiterzuleben; das gehört zur Unterhaltung, so wie in die Kirche gehen, in den Tempel, in die Moschee, oder wie Fußball oder Kricket in diesem Land. Bitte, dies ist keine Unterhaltung. Sie und ich, der Sprecher, müssen zusammen denken, nicht nur still dasitzen und irgendeine seltsame Atmosphäre, irgendwelches *Punya* in uns aufnehmen, tut mir leid, damit hat es überhaupt nichts zu tun.

Wir wollen miteinander vernünftig, logisch denken, gemeinsam dieselbe Sache betrachten. Nicht wie *Sie* es betrachten und *ich* es betrachte, sondern gemeinsam unser tägliches Leben beobachten, was viel wichtiger ist als alles andere – es jede Minute unseres Tages beobachten. Also zuerst werden wir gemeinsam denken, nicht nur zuhören, zustimmen oder ablehnen, was sehr einfach ist. Wir bitten Sie dringend, Zustimmung oder Ablehnung beiseite zu lassen! Das ist sehr schwierig für die meisten Menschen, die allzu eifrig bereit sind, zuzustimmen oder abzulehnen. Unsere Reaktionen sind so schnell, wir ordnen alles ein – religiöser Mensch, areligiöser, weltlicher Mensch und so weiter. Wenn Sie also, zumindest an diesem Morgen, Zustimmung oder Ablehnung beiseite lassen und nur miteinander beobachten, miteinander denken könnten. Wollen Sie das tun? – Lassen Sie Ihre Meinung und meine Meinung völlig außer acht, Ihre Art zu denken und des anderen Art zu denken, und beobachten Sie nur gemeinsam, denken Sie gemeinsam.

Zustimmung und Ablehnung trennen die Menschen voneinander. Es ist unlogisch, zu sagen: »Ja, ich stimme Ihnen zu« oder: »Ich stimme Ihnen nicht zu«, denn entweder projizieren Sie, halten an Ihrer Meinung, Ihrem Urteil, Ihrer Wertung fest, oder Sie verwerfen das Gesagte. Könnten wir also an diesem Morgen, nur zum Spaß, zur Unterhaltung, wenn Sie wollen, unsere Meinungen, unsere Urteile, unsere Zustimmungen oder Ablehnungen vergessen und einen guten, klaren Kopf haben – nicht fromm, emotional oder romantisch, sondern ein Gehirn, das sich nicht auf all die Komplikationen von Theorie, Meinung, Zustimmung oder Ablehnung einläßt? Können wir das tun?

Lassen Sie uns also fortfahren! Was ist Denken? Jeder Mensch auf der Welt, jeder, vom Unwissendsten, vom Primitivsten, von der ganz, ganz unbedeutenden Person in einem kleinen Dorf bis zum hochgebildeten Wissenschaftler, sie alle haben etwas gemeinsam – das Denken. Wir alle denken – der Dorfbewohner, der noch nie etwas gelesen hat, nie zur Schule, aufs College oder auf die Universität gegangen ist, und die meisten von Ihnen hier, die eine Schulbildung hatten. Der Mann, der allein im Himalaya sitzt, auch er denkt. Und dieses Denken hat von allem Anfang an stattgefunden. So müssen Sie zunächst die Frage stellen: Was ist Denken? Was ist es, worüber Sie nachdenken? Wollen Sie diese Frage zuerst beantworten – nicht aus Büchern, nicht aus der Gita oder den Upanishaden oder der Bibel oder dem Koran.

Was ist Denken? Wir leben vom Denken. Unser tägliches Handeln basiert auf Denken. Sie mögen auf die eine Weise denken, ein anderer denkt auf andere Weise, aber es ist immer noch Denken. Was ist es also? Können Sie denken, wenn Sie kein Gedächtnis haben? Können Sie rückwärts oder vorwärts denken – was werden Sie morgen tun oder in einer Stunde oder was haben Sie gestern getan oder heute morgen? Das, was in der technologischen Welt des Computers »Architektur« genannt wird. Also müssen wir gemeinsam herausfinden, nicht was die indische Art zu denken oder die europäische Art zu denken ist, oder die besondere Denkweise des Buddhisten, des Hindu, des Moslem, des Christen oder irgendeiner anderen Sekte, sondern was Denken ist. Solange wir nicht wirklich den Prozeß des Denkens verstehen, wird unser Leben immer sehr, sehr begrenzt sein. Also müssen wir sehr eingehend, ernsthaft diesen ganzen Prozeß des Denkens untersuchen, der unser Leben gestaltet. Der Mensch hat Gott durch sein Denken geschaffen; Gott hat nicht den Menschen geschaffen. Das muß ein sehr armseliger Gott sein, der diese Menschen geschaffen hat, die einander unaufhörlich bekämpfen. Also, was ist Denken, und warum haben wir Probleme daraus gemacht?

Warum haben wir Probleme in unserem Leben? Wir haben eine Menge – politische Probleme, finanzielle Probleme, ökonomische Probleme, die Probleme einer Religion gegen die andere, Tausende von Problemen. Was ist ein Problem, was ist die Bedeutung des Wortes Problem? Dem Wörterbuch nach bedeutet es etwas, das einem zugeworfen wird, eine Herausforderung, etwas, das man ansehen, dem man sich stellen muß. Man kann ihm nicht ausweichen, man kann ihm nicht davonlaufen, man kann es nicht unterdrücken; es ist da, wie ein schmerzhafter Daumen. Wie kommt es, daß wir unser ganzes Leben lang, vom Augenblick, in dem wir geboren werden, bis wir sterben, Probleme haben – mit dem Tod, mit der Angst, mit hunderterlei Dingen? Stellen Sie diese Frage oder stelle ich sie für Sie? Man geht zur Schule – dort muß man lesen, schreiben, und das wird zum Problem für das Kind. Etwas später muß es Mathematik lernen, und das wird zum Problem. Und die Mutter sagt: »Tu dies, und tu das nicht«, und das wird zum Problem. So werden wir von Kindheit an mit Problemen erzogen, unser Gehirn ist mit Problemen konditioniert; es ist niemals frei von Problemen. Wenn Sie heranwachsen, in die Jugendjahre kommen, Sex haben, lernen, Geld zu verdienen, ob Sie sich der Gesellschaft anpassen oder nicht, rebellieren oder nicht – all das wird zum Problem. Und am Ende fügen Sie sich in die Gesellschaft, in die Umwelt ein. Jeder Politiker der Welt löst das eine Problem und ruft damit andere Probleme hervor. Haben Sie das nicht festgestellt? Das menschliche Gehirn selbst – das, was innerhalb des Schädels ist – hat auch Probleme. Kann also das Gehirn jemals frei von Problemen sein, um Probleme zu lösen? Verstehen Sie meine Frage? Wenn das Gehirn nicht frei von Problemen ist, wie kann es irgendein Problem lösen? Das ist logisch. Nicht wahr? Also ist Ihr Gehirn, das Erinnerungen in sich trägt, das ein ungeheures anwendbares Wissen erworben hat, dazu erzogen, ausgebildet worden, Probleme zu haben. Wir fragen nun, ob das Gehirn zuerst frei von Problemen sein kann, so daß es dann Probleme lösen kann? Oder ist das unmöglich? Unser Gehirn ist durch die verschiedenen engen Religionen konditioniert worden; es ist durch Spezialisierung konditioniert worden, durch die Umwelt, in der wir leben, durch unsere Erziehung, durch Armut oder Reichtum, durch die Gelübde, die Sie als Mönche abgelegt haben. (Ich weiß nicht warum, aber Sie haben sie abgelegt, und das wird zur Folter, zum Problem). Deshalb sind unsere Gehirne außerordentlich konditioniert, als Geschäftsmann, als Hausfrau und so weiter. Und aus dieser engen Perspektive betrachten wir die Welt.

Deshalb müssen wir uns nicht nur mit der Frage unserer Probleme befassen, sondern auch damit, was Denken ist. Warum denken wir überhaupt? Gibt es eine andere Art zu handeln? Gibt es eine andere Art und Weise, an das Leben, das tägliche Leben heranzugehen, die überhaupt kein Denken erfordert? Zunächst müssen wir ganz genau hinschauen, gemeinsam; wir müssen es für uns selbst herausfinden und dann handeln. Also wollen wir darauf eingehen. Was ist Denken? Wenn Sie nicht denken würden, wären Sie nicht hier. Sie haben Vorkehrungen getroffen, zu einer bestimmten Zeit hierherzukommen, und Sie haben auch Vorkehrungen getroffen, um zurückzukehren. Das ist Denken. Was ist philosophisches Denken? Philosophie heißt Liebe zur Wahrheit, Liebe zum Leben – nicht, ein Examen an der Universität bestehen. Also lassen Sie uns gemeinsam entdecken, was Denken ist. Wenn Sie keine Erinnerung an gestern hätten, keine Erinnerung irgendwelcher Art, würden Sie denken? Natürlich nicht – Sie können nicht denken, wenn Sie keine Erinnerung haben, nicht wahr? Was also ist Erinnerung? Sie haben gestern etwas getan, und das wurde im Gehirn registriert, und aufgrund dieser Erinnerung denken und handeln Sie. Sie erinnern sich, daß jemand Ihnen geschmeichelt hat, daß jemand Sie verletzt hat, Häßliches über Sie gesagt hat. Das heißt, Erinnerung ist das Ergebnis von Wissen. Und was ist Wissen? Das ist ziemlich schwierig.

Wir alle sammeln Wissen an; die großen Gelehrten, die großen Professoren, Wissenschaftler erwerben ungeheures Wissen. Also was ist Wissen? Wie kommt es zustande? Wissen entsteht durch Erfahrung. Sie haben einen Autounfall – daraus wird eine Erfahrung. Aus dieser Erfahrung erhalten Sie Wissen. Und aus diesem Wissen kommt Erinnerung. Aus dieser Erinnerung kommt das Denken. Richtig? Was also ist Erfahrung? Es ist ein Ereignis, der Autounfall, der im Gehirn als Wissen registriert wurde. Erfahrung, Wissen, Erinnerung, Denken: Das ist logisch – nicht meine Betrachtungsweise oder Ihre Betrachtungsweise.

Also ist alle Erfahrung, sei es Gottes Erfahrung oder Ihre Erfahrung, begrenzt. Die Wissenschaftler fügen ihr Tag für Tag etwas hinzu, und etwas, dem etwas hinzugefügt wird, ist immer begrenzt, nicht wahr? Ich weiß wenig, und ich muß mehr wissen – Sie fügen etwas hinzu. Ihre Erfahrung von etwas ist immer begrenzt, da etwas mehr hinzugefügt werden kann. Somit ist Erfahrung begrenzt, Wissen ist begrenzt – für immer. Also ist Erinnerung begrenzt, und daher ist das Denken begrenzt, nicht wahr? Und wo Begrenztheit ist, da ist Trennung – der Sikh, der Hindu, der Buddhist, der Moslem, der Christ, der Demokrat, der Republikaner, der Kommunist. Ihre Basis ist das Denken, und daher sind alle Regierungen begrenzt, ihre ganze Aktivität ist begrenzt. Ob Sie nun vollkommen abstrakt denken oder ob Sie versuchen, sehr edel zu sein, es ist immer noch Denken, nicht wahr? Also sind, aufgrund dieser begrenzten Natur des Denkens, weil Denken immer begrenzt ist, unsere Handlungen begrenzt. An diesem Punkt nun beginnen Sie ernstlich zu fragen: Kann Denken seinen berechtigten Platz haben und sonst keinen anderen? Verstehen Sie meine Frage? Gibt es also ein Handeln, das frei von Begrenztheit ist? Das heißt, da das Denken begrenzt ist, haben wir das ganze Weltall auf eine sehr kleine Angelegenheit reduziert. Wir haben unser Leben zu einer so kleinen Angelegenheit gemacht wie das Denken – ich muß dies sein, ich darf nicht jenes sein, ich muß Macht haben. Verstehen Sie? Wir haben die Unermeßlichkeit des Lebens auf eine sehr kleine, belanglose Angelegenheit reduziert.

Ist es also möglich, von Denken frei zu sein? Das heißt, ich muß denken, um hierherzukommen; wenn ich ein Bürokrat bin, muß ich bürokratisch denken; wenn ich in die Fabrik gehe und Schrauben drehe, muß ich gewisse Kenntnisse haben. Warum soll ich Wissen über mich selbst haben? – Das höhere Selbst, das niedere Selbst und all das? Warum sollte ich das alles wissen? Das ist sehr einfach – es ist Eigeninteresse; ich bin tatsächlich nur an mir selbst interessiert. Wir mögen so tun, als ob es Brüderlichkeit gäbe, wir mögen über Frieden sprechen, mit Worten spielen, doch wir sind immer egozentrisch. Und von daher stellt sich die Frage: Kann es mit dieser Egozentrik, die im wesentlichen tiefe Selbstsucht ist, überhaupt eine Veränderung geben? Können wir vollkommen selbstlos sein? Und so müssen wir fragen: Was ist das Selbst?

Was sind Sie, abgesehen von Ihrem Namen und Ihrem Beruf, Ihrem Gelübde, einem Guru zu folgen? Was sind Sie? Oder ich will anders fragen – sind Sie Ihr Name, sind Sie Ihr Beruf, sind Sie ein Teil der Gemeinschaft, ein Teil der Tradition? Wiederholen Sie nicht, was die Gita sagt, was die Upanishaden sagen oder irgend jemand sagt: Das ist sinnlos. Was sind Sie *wirklich*? Ist dies das erste Mal, daß man Ihnen diese Frage gestellt hat – was sind Sie? Sind Sie nicht Ihre Angst, sind Sie nicht Ihr Name, sind Sie nicht Ihr Körper? Sind Sie nicht das, was Sie denken, das Bild, das Sie sich von sich selbst gemacht haben? Sind Sie nicht das alles? Sind Sie nicht Ihr Zorn? Oder ist der Zorn von Ihnen getrennt? Kommen Sie doch, Sirs, sind Sie nicht Ihre Ängste, ihre Ambitionen, Ihre Habgier, Ihr Wetteifer, Ihre Unsicherheit, Ihre Verwirrung, Ihr Schmerz, Ihr Kummer – sind Sie nicht all das? Sind Sie nicht der Guru, dem Sie folgen? Wenn Sie sich also mit all dem identifizieren, sind Sie nicht selbst das alles? Oder sind Sie etwas Höheres – Superselbst, Superbewußtsein? Wenn Sie sagen, Sie haben ein Superbewußtsein, ein höheres Selbst, dann ist das auch ein Teil des Denkens, daher ist auch das, was Sie höheres Denken, höheres Selbst nennen, sehr klein.

Was also sind Sie? Ich sage, Sie sind ein Bündel von allem, was vom Denken zusammengesetzt worden ist. Was Sie auch immer denken, Sie sind es selbst. Sie mögen alles mögliche Zeug erfinden, aber auch diese Erfindung ist das, was Sie selbst sind. Nicht wahr? Das alles zusammen nennt man Ich, ich selbst, mein Ego, meine Persönlichkeit, mein höheres Selbst, mein Gott. Und ich erfinde das ganze Zeug. Wer hat das alles zusammengesetzt? Oder gibt es nur eine einzige Struktur? Wer hat das alles getrennt? Wer hat gesagt, ich bin ein Hindu oder ich bin ein Moslem? Ist das nur Propaganda? Wer hat die Trennung zwischen den Ländern verursacht? Das Denken? Oder ist es das Verlangen, das Bedürfnis, sich zu identifizieren, sicher zu sein?

Ich frage Sie mit allem Respekt, wer hat diese Trennung geschaffen? Ist es das Denken? Natürlich, doch hinter dem Denken ist noch etwas anderes. Wer tut das alles, abgesehen vom Denken? Was ist das Verlangen, was ist das Drängen, was ist die Bewegung dahinter? Ist es nicht Sicherheit? Ich will sicher sein; deshalb folge ich einem Guru. Ich will sicher sein in meiner Beziehung zu Ihnen, zu meiner Frau – sie ist *meine* Frau –, sicher, geschützt, geborgen. Das Verlangen, das Drängen, die Antwort, die Reaktion, sind um der Sicherheit willen – ich muß sicher, geborgen sein.

Wir alle wollen Sicherheit, doch wir fragen niemals: Gibt es überhaupt Sicherheit? Gibt es irgendeinen Ort, an dem ich sagen kann, ich bin sicher? Sie mißtrauen Ihrer Frau, Ihre Frau mißtraut Ihnen. Sie mißtrauen Ihrem Chef, denn Sie wollen seine Stelle. Das ist alles gesunder Menschenverstand. Sie mögen jetzt darüber lachen, aber jeder Mensch auf der Welt möchte einen Ort haben, wo er sicher, geborgen sein kann, wo es keinen Wettbewerb gibt, wo er nicht herumgestoßen wird, wo er nicht belästigt wird. Wollen Sie das nicht alle? Aber Sie fragen niemals: Gibt es überhaupt Sicherheit? Wenn Sie Sicherheit wollen, müssen Sie auch die Frage stellen: Gibt es überhaupt Sicherheit?

Dann kommt die Frage: Warum wollen Sie Sicherheit? Gibt es Sicherheit in Ihrem Denken? Gibt es Sicherheit in Ihren Beziehungen – zu Ihrer Frau und Ihren Kindern? Gibt es Sicherheit in Ihrer Arbeit? Sie sind vielleicht ein Professor, in gesicherter Stellung, aber es gibt höhergestellte Professoren; also wollen Sie Vizepräsident werden. Wo ist also Sicherheit? Vielleicht gibt es überhaupt keine Sicherheit. Denken Sie einmal darüber nach, Sir, sehen Sie das Wunderbare daran – kein Verlangen nach Sicherheit zu haben, keinen Drang danach, kein Gefühl irgendwelcher Art für Sicherheit zu haben. In Ihren Wohnungen, in Ihren Büros, in Ihren Fabriken, in Ihren Parlamenten und so weiter, gibt es dort Sicherheit? Das Leben mag keine Sicherheit bieten; das Leben ist dazu da, um gelebt zu werden, nicht um Probleme zu schaffen und dann zu versuchen, sie zu lösen. Es ist dazu da, gelebt zu werden, und es wird sterben. Das ist eine unserer Ängste – zu sterben, nicht wahr?

Haben wir also an diesem Morgen voneinander gelernt – nicht einander geholfen –, haben wir gelernt, haben wir überhaupt gehört, was der Sprecher sagt? Haben Sie gehört, mit den Ohren, die Tatsachen der Welt gesehen, die Sie selber sind – denn Sie sind die Welt? Oder sind das alles Ideen? Es ist ein Unterschied zwischen Tatsache und Idee: Die Idee ist niemals die Tatsache. Das *Wort* »Mikrophon« ist nicht *das* Mikrophon, dieses Ding vor dem Sprecher. Aber wir haben das Wort zur Sache gemacht. Also ist der Hindu nicht Sie – das *Wort* sind nicht Sie. Sie sind die *Tatsache*, nicht das Wort. Also, können wir das Wort sehen und sehen, daß das Wort nicht die Sache ist? Das Wort »Gott« ist nicht Gott. Das Wort ist anders, völlig anders als die Wirklichkeit.

Also fragen wir mit allem Respekt: Was haben Sie heute morgen gelernt, *tatsächlich* gelernt, so daß Sie handeln werden, nicht sagen, ja, ja, ganz richtig, und heimgehen und so weitermachen wie bisher. Die Welt ist in großem Chaos. Ich weiß nicht, ob Ihnen das klar ist: In der Welt herrscht großes Leiden, großes Elend. Sie sind verwirrt, deshalb verursachen Sie das alles in der Welt um Sie herum. Wenn Sie sich nicht ändern, kann die Welt sich nicht ändern, verwandeln. Denn in der Welt, wohin Sie auch immer gehen, erfährt jeder Mensch an sich dasselbe Phänomen, das Sie durchmachen – zweifelnd, unglücklich, ängstlich, unsicher, sehnt sich nach Sicherheit, versucht zu kontrollieren, sagt, Ihr Guru ist besser als mein Guru und so weiter. Verstehen Sie, Sir?

Der Sprecher ist weder Optimist noch Pessimist. Wir stellen Ihnen Tatsachen dar, keine Zeitungsmeldung. Wir sprechen miteinander über *Ihr* Leben, nicht über das Leben eines Guru oder eines Kaisers oder über irgend jemand Beliebigen. Wir sprechen miteinander über Ihr Leben. Ihr Leben ist wie das der übrigen Welt. Die Menschen sind furchtbar unglücklich, unsicher, elend, zu Millionen arbeitslos, in Armut, Hunger, Leid, Schmerz, genau wie Sie selbst; Sie unterscheiden sich nicht von ihnen. Sie mögen sich Hindu oder Moslem oder Christ nennen oder was Sie wollen, doch in Ihrem Bewußtsein, innerlich, sind Sie genauso wie der Rest der Welt. Sie mögen dunkelbraun, Sie mögen hellbraun sein, eine andere Regierung haben, doch jeder Mensch hat teil an dieser schrecklichen Welt. *Wir* haben diese Welt gemacht – verstehen Sie? *Wir* sind die Gesellschaft. Wenn Sie wollen, daß die Gesellschaft anders wird, müssen *Sie* anfangen, *Sie* müssen Ordnung in Ihrem Haus schaffen, Ihrem Haus, das Sie selber sind.

Rede
19. November 1985

Dürfen wir fortfahren mit dem, worüber wir gestern gesprochen haben? Wie gesagt, wir machen eine lange Reise miteinander, in einem Zug, eine sehr lange Reise, durch die ganze Welt, und diese Reise begann vor zweieinhalb Millionen Jahren. Während dieser langen Spanne von Zeit und Entfernung haben wir eine ganze Menge Erfahrungen gemacht, und diese Erfahrungen sind in unserem Gehirn gespeichert, entweder in seinen bewußten oder seinen unbewußten, tieferen Schichten. Und gemeinsam werden Sie und der Sprecher prüfen, forschen. Nicht, daß der Sprecher allein redet – wir sprechen miteinander. Der Sprecher faßt es in Worte, und die Worte haben eine sehr große Bedeutung – nicht nur das Vokabular, sondern die Tiefe des Wortes, das Gewicht des Wortes, sein Sinn.
Während Sie und der Sprecher gemeinsam die Reise unternehmen, können Sie nicht einfach einschlafen. Sie können nicht sagen: »Ja, ich stimme zu oder ich lehne ab.« Wir haben darüber gesprochen; wir stimmen nicht zu oder lehnen ab. Wir schauen nur aus dem Fenster, sehen, welch außerordentliche Dinge der Mensch durchgemacht hat, welche Erfahrungen, welchen Schmerz, welches Leiden, welch unerträgliche Dinge der Mensch sich selbst und der Welt angetan hat. Wir nehmen nicht Partei, pro und contra, links, rechts oder Mitte – bitte verstehen Sie das ganz genau.
Dies hier ist keine politische Versammlung, dies ist keine Unterhaltung; dies ist eine ernste Zusammenkunft. Wenn Sie unterhalten werden wollen, sollten Sie in ein Kino oder zu einem Fußballspiel gehen. Dies ist eine sehr ernste Versammlung, was den Sprecher anbetrifft. Er hat überall auf der Welt gesprochen: Unglücklicherweise oder glücklicherweise hat er sich einen Ruf geschaffen, und wahrscheinlich kommen Sie hierher wegen dieses Rufes; aber das hat nicht den geringsten Wert. Also werden wir miteinander Fragen stellen, während wir in diesem Zug sitzen und eine unendlich lange Reise unternehmen. Wir versuchen nicht, Sie zu beeindrucken, wir versuchen nicht, Sie zu zwingen, sich mit etwas zu beschäftigen.

Wir betrachten unser tägliches Leben und den ganzen Hintergrund von einer Million Jahren. Man muß auf all das Geflüster horchen, jeden Augenblick horchen, alles so sehen, wie es ist – nicht so, wie Sie wünschten, daß es sei, sondern was Sie tatsächlich sehen, wenn Sie aus dem Fenster des weiterfahrenden Zuges blicken –, die Hügel, die Flüsse, die Wasserfläche und die ganze Schönheit um Sie herum. Sollen wir eine Weile über Schönheit sprechen? Würde Sie das interessieren? Es ist ein sehr ernstes Thema, so wie alles im Leben. Wahrscheinlich haben Sie niemals gefragt, was Schönheit ist. Im Augenblick untersuchen wir, was es ist, weil Sie mit diesem Zug durch diese wunderbare Landschaft fahren – die Hügel, die Flüsse, die hohen, schneebedeckten Berge, die tiefen Täler, und nicht nur die Dinge außerhalb Ihrer selbst, sondern auch die innere Struktur und das Wesen Ihres eigenen Seins – was Sie denken, was Sie fühlen, was für Wünsche Sie haben. Man muß auf das alles horchen –, nicht nur auf unsere eigenen inneren Gedanken, Gefühle, und unsere Meinungen und Urteile, sondern auch auf den Ton, in dem andere Menschen etwas sagen – was Ihre Frau sagt, was Ihr Nachbar sagt; lauschen Sie dem Laut dieser Krähe, fühlen Sie die Schönheit der Welt, die Schönheit der Natur. Sagen Sie nicht nur, ja, richtig, falsch, dies ist, was ich denke, das ist, was ich nicht denken sollte, folgen Sie nicht nur einer Tradition, sondern sehen Sie ganz still, ohne jegliche Reaktion, die Schönheit eines Baumes.

Nun wollen wir miteinander über Schönheit sprechen. Was ist Schönheit? Sind einige von Ihnen in Museen gewesen? Wahrscheinlich nicht. Ich werde Sie nicht in Museen herumführen; ich bin kein Führer. Doch anstatt die Bilder und Statuen der alten Griechen, der alten Ägypter und Römer und der Modernen zu betrachten, suchen, fragen, forschen, verlangen wir herauszufinden, was Schönheit ist. Nicht die Form, nicht eine Frau oder ein Mann oder ein kleines Kind, das außerordentlich schön ist – alle Kinder sind das –, sondern: Was ist Schönheit? Ich stelle diese Frage, Sir. Bitte, beantworten Sie sie zunächst für sich selbst – oder haben Sie niemals darüber nachgedacht? Nicht die Schönheit eines Gesichts, sondern die Schönheit eines grünen Rasens, einer Blume, der großartigen Berge, von Schnee bedeckt, der tiefen Täler, und des friedlichen Strömens eines Flusses. All das ist außerhalb Ihrer selbst, und Sie sagen: »Wie schön ist das!« Was bedeutet das Wort »Schönheit«? Es ist sehr wichtig, das herauszufinden, denn wir haben so wenig

Schönheit in unserem täglichen Leben. Wenn Sie durch Benares gehen, dann kennen Sie das alles – die schmutzigen Straßen, den Staub, den Unrat. Und wenn Sie all das sehen, aber auch die Zartheit eines Blattes und die liebevolle Großzügigkeit von Menschen, dann wollen Sie diesem Wort auf den Grund gehen, was von Dichtern, Malern und Bildhauern gebraucht wird, so wie Sie jetzt danach fragen. Was ist eigentlich Schönheit? Wollen Sie, daß ich darauf antworte, oder wollen Sie selbst antworten? Dieser Herr hier sagt, antworten Sie darauf, denn wir wissen es nicht. Warum? Warum wissen Sie es nicht? Warum haben wir diese ungemein wichtige Frage nicht ergründet? Sie haben Ihre eigenen Dichter, aus alter Zeit bis zu den heutigen. Sie schreiben darüber, sie singen davon, sie tanzen, und Sie sagen, Sie wissen nicht, was Schönheit ist? Was sind Sie doch für ein sonderbares Volk!

Also, was ist Schönheit? Die gleiche Frage, in anderen Worten, ist: Was sind Sie? Was ist das Wesen und die Struktur Ihrer selbst, abgesehen von dem biologischen Faktor? Das ist sehr eng verwandt mit der Frage nach der Schönheit. Wenn Sie einen Berg betrachten, mit schneebedecktem Gipfel, die tiefen Täler, die blauen, dunklen Hügel, was fühlen Sie dann, was ist Ihre wirkliche Reaktion auf das alles? Sind Sie nicht, eine Sekunde oder ein paar Minuten lang, völlig erschüttert von der Großartigkeit, der Unermeßlichkeit des grünen Tales, dem außerordentlichen Licht und dem blauen Himmel über den schneebedeckten Bergen? Was widerfährt Ihnen in dem Augenblick, wenn Sie das sehen – die Großartigkeit, die Majestät dieser Berge? Was empfinden Sie? Einen Augenblick, oder ein paar Minuten lang, existieren Sie da überhaupt? Verstehen Sie meine Frage? Bitte, stimmen Sie nicht zu; betrachten Sie sie ganz genau. In dem Moment, in dem Sie etwas Großartiges, Unermeßliches, Majestätisches erblicken, existieren Sie eine Sekunde lang nicht – Sie haben Ihre Sorgen, Ihre Frau, Ihre Kinder, Ihren Job, das ganze Durcheinander Ihres Lebens vergessen. Und in diesem Moment sind Sie davon überwältigt. In dieser Sekunde hat das Großartige all Ihre Erinnerung ausgelöscht, nur für eine Sekunde, und dann kommen Sie zurück. Was geschieht während dieser Sekunde, wenn *Sie* nicht da sind?

Das ist Schönheit – verstehen Sie? – Wenn *Sie* nicht da sind. Über der Würde, der Erhabenheit eines Berges oder eines Sees oder dem Fluß, der früh am Morgen einen goldenen Pfad beschreibt, haben

Sie eine Sekunde lang alles vergessen. Das heißt, wenn das Selbst nicht ist, ist Schönheit. Wenn *Sie* nicht sind, mit all Ihren Problemen und Verantwortungen, Ihren Traditionen und all dem Unsinn, dann ist Schönheit. Wie ein Kind mit einem Spielzeug; solange das Spielzeug vollständig ist und es damit spielt, nimmt das Spielzeug es ganz in Anspruch, nimmt es von ihm Besitz. Sobald das Spielzeug zerbrochen ist, wendet es sich wieder seinen früheren Beschäftigungen zu. Genau so sind wir. Wir sind von dem Berg ganz und gar gefangengenommen, er ist für einen Augenblick oder für ein paar Minuten ein Spielzeug für uns; dann kommen wir in unsere Welt zurück. Und wir fragen: Kann man ohne ein Spielzeug, ohne von etwas Größerem absorbiert zu sein, frei von sich selbst sein? Verstehen Sie meine Frage? Sie verstehen das nicht, Sie sind zu gescheit; Sie sind mit einer Menge Wissen, Erfahrung und so weiter eingedeckt. Das ist das Problem mit Ihnen allen – zuviel Gelerntes. Sie sind nicht einfach genug. Wenn Sie ganz einfach sind, zutiefst einfach in sich selbst, werden Sie etwas Außerordentliches entdecken.

Wir haben ein wenig über die Schönheit gesprochen. Nun wollen wir uns selbst betrachten. Wir haben die Welt geschaffen – Sie, der Sprecher, seine Vorfahren, die früheren Generationen. Zu welchem Zweck? – Einander zu töten, zu verstümmeln, zu entzweien: mein Gott, Dein Gott. Warum ist diese Gesellschaft so häßlich, so brutal, so grausam? Wer hat diese monströse Welt geschaffen? Ich bin weder pessimistisch noch optimistisch, aber sehen Sie sich die Welt an, die Dinge, die um Sie herum geschehen: Arme Länder kaufen Waffen, Ihr Land kauft Waffen, und die unendliche Armut, der Wettbewerb – wer hat das alles geschaffen? Wollen Sie sagen, Gott hat das geschaffen? Das muß ein verwirrter Gott sein. Also wer hat diese Gesellschaft geschaffen, wer hat sie aufgebaut? Haben nicht Sie sie aufgebaut? Nicht nur Sie, sondern Ihr Vater, Ihr Urgroßvater, die früheren Generationen von einer Million Jahren – sie haben diese Gesellschaft geschaffen, durch ihre Habgier, ihren Neid, ihren Wettbewerb. Sie haben die Welt ökonomisch, sozial, religiös aufgespalten. Sehen Sie den Tatsachen ins Auge, Sir. Wir haben diese Gesellschaft aufgebaut, wir sind für sie verantwortlich – nicht Gott, nicht irgendwelche äußeren Faktoren, sondern jeder einzelne von uns hat diese Gesellschaft geschaffen. Sie gehören zu dieser Gruppe, und ich gehöre zu einer anderen Gruppe; Sie verehren einen Gott, und ich verehre einen anderen Gott; Sie folgen dem einen Guru, und ich folge einem anderen. So haben wir die Gesellschaft aufgespalten, und wir haben sie nicht nur sozial, sondern auch religiös aufgespalten. Geographisch haben wir die Welt aufgeteilt – Europa, Amerika, Rußland; wir haben die Kultur aufgespalten: westliche Kultur und östliche Kultur; wir haben Spaltungen in der Regierung – sozialistisch, demokratisch, republikanisch, kommunistisch und so weiter. Verstehen Sie, Sir, wie unser Gehirn funktioniert? Es trennt, trennt, trennt. Haben Sie diese Tatsache nicht festgestellt? Und aus dieser Trennung entsteht Konflikt.

Sie haben also diese Gesellschaft geschaffen; Sie *sind* diese Gesellschaft. Und solange *Sie* sich nicht radikal ändern, werden Sie sie niemals verändern. Die Kommunisten haben versucht, sie zu ändern, indem sie den Menschen heimlich, tückisch dazu zwangen, sich verschiedenen Formen des Druckes zu unterwerfen. Sie wissen das sicher alles; es ist Geschichte. Wo also diese Trennung herrscht, da muß Konflikt sein; das ist gesetzmäßig. Und anscheinend lieben wir Konflikt, wir leben in beständigem Konflikt. Wir müssen also zurückgehen, um herauszufinden, was die Ursache von all dem ist. Ist es das Verlangen? Ist es Furcht? Ist es Vergnügen? Ist es die Vermeidung allen Schmerzes und deshalb Schuld? Lassen Sie uns also zunächst für uns selbst herausfinden, was Verlangen ist. Das ist die Grundlage – Verlangen nach Macht, Verlangen, etwas zu erreichen, Verlangen, jemand zu werden. Wir haben nichts gegen Verlangen, wir versuchen nicht, das Verlangen zu unterdrücken oder das Verlangen zu transzendieren, wie die Mönche. Wir müssen – gemeinsam – verstehen, was Verlangen ist.

Interessiert es Sie herauszufinden, was die Wurzel des Verlangens ist? Wollen Sie, daß ich es Ihnen erkläre? Doch die Erklärung ist nicht die Sache selbst, die Beschreibung ist nicht *das*. Wenn man einen wunderbaren Baum beschreibt, dann ist diese Beschreibung nicht der Baum. Wir gebrauchen Worte, um einander etwas zu vermitteln, doch die Worte, die Beschreibungen, sind nicht das Wirkliche. Das *Wort* Ehefrau ist nicht die Ehefrau. Wenn Sie diese einfache Tatsache verstehen können, werden Sie sie besser behandeln.

Was also ist Verlangen, und warum beherrscht es uns? Was ist sein Platz, was ist sein Wesen? Mönche auf der ganzen Welt unterdrükken das Verlangen oder wollen das Verlangen transzendieren oder es mit gewissen Bildern, Symbolen, gewissen Ritualen identifizieren. Aber was ist Verlangen? Haben Sie sich jemals diese Frage gestellt? Oder geben Sie dem Verlangen nach, gleich welche Folgen es hat?

Wir leben durch die Sinneswahrnehmungen, nicht wahr? – Besseres Essen, ein besseres Haus, eine bessere Frau. Die Sinne gehören zum Leben, ebenso Sex – es ist ein Gefühl, ein Vergnügen, und wir haben vielerlei Vergnügen, das Vergnügen des Besitzes und so weiter. Die Sinneswahrnehmungen sind ein außerordentlich wichtiger Teil unseres Daseins. Wenn Ihre Sinne nichts mehr wahrnehmen, dann sind Sie tot, nicht wahr? Alle Ihre Nerven versagen, Ihr Gehirn stirbt ab. Wir leben durch die Sinneswahrnehmungen wie Berühren, Fühlen, wie wenn man sich einen Nagel plötzlich in den Finger bohrt – das ist eine Sinneswahrnehmung; Sie können sie Schmerz nennen. Tränen, Lachen, Humor, das alles gehört zu den Sinneswahrnehmungen. Sie wünschen sich mehr Macht, mehr Geld, und »das Mehr« ist auch eine Sinneswahrnehmung. Zu jeder Sekunde ist jede Reaktion – intellektuell, theoretisch, philosophisch – auch ein Wahrnehmen der Sinne. Wir leben von der Sinneswahrnehmung – seien Sie sich im klaren darüber –, das heißt von der Antwort unserer Sinne: guter Geschmack, schlechter Geschmack; es ist bitter, es ist süß. Die Wahrnehmungen unserer Sinne sind etwas Natürliches, Unausweichliches, sie gehören zum Leben.

Was geschieht, wenn Ihre Sinne etwas wahrnehmen? Wenn Sie etwas sehr Schönes sehen – ein Auto, eine Frau, einen Mann oder ein schönes Haus –, was geschieht? Sie haben das schöne Haus gesehen, haben den Garten gesehen, haben die Schönheit der Anlagen gesehen und wie das Haus gebaut ist, mit stilvoller Anmut und einer gewissen Würde. Dann kommt das Denken daher, macht sich ein Bild von dieser Sinneswahrnehmung, und dann sagt es: »Ich wünschte, ich hätte das Haus.« In diesem Moment ist das Verlangen geboren. Wenn der Sinneswahrnehmung eine Gestalt, eine Form gegeben wird, dann ist, in derselben Sekunde, das Verlangen geboren. Wenn ich etwas sehe, das ich nicht habe, wie etwa ein Haus oder ein Auto, dann wird die Sinneswahrnehmung beherrschend. Wenn das Denken ihr ein Bild verleiht, wenn das Denken daherkommt und sagt: »Ich wünschte, ich hätte es«, in diesem Moment ist das Verlangen geboren. Nicht wahr? Verstehen Sie das Subtile, das Abgründige darin? Wenn das Denken dem sinnlich Wahrgenommenen eine Form, eine Struktur, eine Vorstellung verleiht, in derselben Sekunde ist das Verlangen geboren.

Nun ist die Frage: Kann die Sinneswahrnehmung nicht vom Denken, das ja ebenfalls ein Wahrnehmen der Sinne ist, eingefangen werden? Verstehen Sie, Sir? Nach der Sinneswahrnehmung nehmen Sie sich Zeit, bevor der Gedanke ihr Gestalt gibt – erlauben Sie eine Zeitspanne zwischen der Sinneswahrnehmung und dem Gedanken, der ihr Gestalt gibt. Tun Sie das einmal, und Sie werden viel davon lernen. Was ich sagen will, ist, wenn zwischen der Wahrnehmung und dem Denken Zeit liegt – eine kurze oder lange Spanne –, dann werden Sie das Wesen des Verlangens verstehen. Das hat nichts mit Unterdrücken, mit Transzendieren zu tun. Sir, wenn Sie Auto fahren und den Mechanismus des Autos nicht kennen, sind Sie immer etwas besorgt, daß etwas schiefgehen könnte. Aber wenn Sie das Auto auseinandergenommen und sehr sorgfältig wieder zusammengesetzt haben, alle Bestandteile kennen, dann sind Sie Herr der Maschine, dann haben Sie keine Angst, denn Sie können sie wieder zusammensetzen. Und wenn Sie das Wesen des Verlangens verstehen, die Art und Weise, wie das Verlangen beginnt, dann haben Sie keine Angst davor, dann wissen Sie, was Sie damit anfangen können.

Es ist da noch etwas anderes, das Sie und der Sprecher miteinander erörtern sollten. Wir haben seit Jahrtausenden gelebt, und wir haben nie das Wesen der Angst begriffen. Was ist der Ursprung der Angst, was ist die Ursache der Angst? Wir haben offenbar nie der Angst ein Ende gesetzt – der biologischen Angst sowohl als auch der psychischen Angst, der inneren Angst – Angst vor dem Tod, Angst, nichts zu haben, nichts zu besitzen, Angst vor Einsamkeit –, wir haben so viele Ängste. Aus diesen Ängsten heraus schaffen Sie Götter, Sie erfinden Rituale, spirituelle Hierarchien, Gurus, alle Tempel der Welt. Und wir fragen: Was ist Angst? Nicht Ihre besondere Form der Angst, nicht meine Angst und Ihre Angst, sondern Angst? Wie ich sagte, wenn Sie den Mechanismus eines Autos verstehen, haben Sie keine Angst vor ihm. Ebenso, wenn Sie das Wesen der Angst kennen, erkennen, verstehen, ihre Ursache, ihre Wurzel, dann werden sie die Angst transzendieren, und die Angst ist verschwunden. Das werden wir heute morgen tun.

Wir fragen, was ist Angst, was ist ihre Ursache – nicht wie wir sie beenden, nicht wie wir sie transzendieren, kontrollieren, unterdrükken und vor ihr davonlaufen, so wie Sie es tun, sondern was ist ihre Ursache, ihre Quelle? Denken Sie es zu Ende, Sir, befassen Sie sich einen Augenblick damit. Nehmen Sie Ihre Angst, Ihre besondere Angst, oder Ängste; was ist ihre Wurzel? – Sicherheit? Verlangen nach mehr? Wenn Sie sie nicht gefunden haben, dann fragen Sie jemanden wie den Sprecher, was die Ursache ist. Werden Sie zuhören?

Werden Sie tatsächlich zuhören? Ich werde es erklären, doch die Erklärung ist nicht die Sache selbst. Ruft das Wort »Angst« Angst in Ihnen hervor? Angst ist eine Tatsache; das Wort ist nicht die Tatsache. Also ist die Erklärung nicht ein Mittel, um die Angst zu beenden. Wir müssen dann untersuchen, was Zeit ist, denn Zeit ist Angst: Morgen könnte etwas passieren, mein Haus könnte einstürzen, meine Frau könnte sich einem anderen Mann zuwenden, mein Mann könnte fortlaufen – und ich habe Angst. Angst vor der Vergangenheit, Angst vor der Zukunft, Angst vor der Gegenwart: Ich bin dies gewesen, ich werde nicht jenes sein, aber jetzt bin ich das nicht – dieser ganze Prozeß ist eine Bewegung in der Zeit. Von hier bis dort ist eine Bewegung, und sie braucht Zeit. Alle Bewegung ist Zeit.

Die Vergangenheit gestaltet die Gegenwart. Die Vergangenheit wirkt jetzt, und die Zukunft wird von der Gegenwart gestaltet – modifiziert. Die Umstände ändern sich, gewisse Ereignisse geschehen, so wird die Vergangenheit modifiziert, verändert, verwandelt, und die Zukunft ist das, was jetzt geschieht. Alle Zeit – Vergangenheit, Gegenwart und Zukunft – ist im *Jetzt* enthalten. Dies gilt für das Leben; es ist nicht nur eine Theorie. Sie sind gestern etwas gewesen; etwas geschieht heute, das verändert, modifiziert Ihre Vergangenheit um ein weniges, und die Zukunft ist, modifiziert, das, was Sie jetzt sind. Das heißt, die Vergangenheit, die Gegenwart und die Zukunft sind jetzt; morgen ist jetzt. Wenn *jetzt* keine Mutation stattfindet, werden Sie ganz genau so sein, wie Sie vorher gewesen sind. Ich denke, ich bin ein Hindu, mit all dem Zirkus, der dazu gehört, und ich werde morgen ein Hindu sein. Das ist logisch. Deshalb kommt es viel mehr darauf an, was Sie heute tun, als darauf, was Sie morgen tun werden. Was werden Sie also tun, wenn morgen jetzt ist? Das ist eine Tatsache; es ist nicht meine Theorie oder Ihre Theorie; es ist eine Tatsache. Ich bin jetzt habgierig, und wenn ich jetzt nicht etwas dagegen tue, werde ich morgen habgierig sein. Können Sie heute aufhören, habgierig zu sein? Wollen Sie? Nein, natürlich nicht. Also werden Sie sein, was sie gewesen sind. So war seit Jahrmillionen das Verhaltensmuster der Menschheit.

Es macht Ihnen nichts aus zu töten. Seien Sie ehrlich. Es macht Ihnen nichts aus zu töten, Sie billigen es, Sie wollen, daß Ihr Land stark ist. Nicht wahr? Schämen Sie sich deshalb nicht – das ist eine Tatsache. Und deshalb häufen Sie Waffen an. Wenn Sie jetzt nicht aufhören, Inder zu sein, dann werden Sie morgen Inder sein. Also frage ich Sie, was werden Sie *jetzt* tun? Aufhören, Inder zu sein, ja? Wissen Sie, welche Implikationen das hat? – Nicht der Paß, nicht das Papier –, sondern nicht mit *irgendeiner* Religion, *irgendeiner* Gruppe verbunden zu sein; die sind sowieso verlogen. Ist das möglich? Werden Sie das tun? Sehen Sie, daß, wenn jetzt, *heute* keine Mutation stattfindet, Sie morgen genau derselbe sein werden? Das heißt nicht optimistisch oder pessimistisch zu sein; es ist eine Tatsache. Verstehen Sie, wie ernst das ist? Wenn *jetzt* keine radikale Mutation stattfindet, werde ich morgen derselbe sein.

Zeit ist also ein Faktor der Angst. Und Angst ist ein der ganzen Menschheit gemeinsamer Faktor. Kann diese Angst – nicht ein Zweig von ihr, sondern die Wurzel der Angst – vollkommen zerstört werden? – Das heißt, keine Angst *irgendwelcher* Art zu haben. Der Sprecher sagt, es ist unbedingt möglich; sie kann radikal ausgerottet werden. Der Sprecher sagt, daß Angst vollkommen beendet werden kann. Sagen Sie nicht, das ist etwas für den Erleuchteten und all diesen Unsinn. Sie können sie beenden, wenn Sie Ihr Gehirn, Ihr Herz darangeben – vollkommen, nicht teilweise. Und dann werden Sie selbst sehen, welch unendliche Schönheit darin liegt; ein Gefühl äußerster Freiheit – nicht der Freiheit eines Landes oder einer Regierung, sondern das Gefühl der Ungeheuerlichkeit der Freiheit, der Größe der Freiheit.

Werden Sie es tun – heute, jetzt? Von heute an, die Ursache der Angst sehen und sie beenden? Solange Angst da ist – biologisch, physisch, psychisch –, zerstört sie uns. Also, darf man fragen, nachdem Sie nun diese Tatsache, nicht Theorie, gehört haben, was werden Sie tun? Zeit ist der Faktor der Angst und des Denkens; wenn Sie sich also jetzt nicht ändern, dann werden Sie sich niemals ändern. Es ist ein ständiges Verschieben.

Rede
22. November 1985

Wir werden heute morgen zusammen über eine ganze Anzahl von Themen sprechen, aber, wie gesagt, wir sind nicht der einzige Sprecher; Sie und der Sprecher werden die Fragen gemeinsam erörtern. Wir nehmen teil, hören nicht nur flüchtig zu. In den beiden letzten Reden haben wir uns mit vielen Dingen beschäftigt: mit Angst und der ganzen Mühsal des Menschen, mit den Problemen, die wir haben, die wir niemals zu lösen scheinen; wir haben uns eingehend damit beschäftigt. Die Probleme existieren, weil unser Geist mit Problemen beladen ist; deshalb haben wir nicht die Freiheit, irgendein Problem zu betrachten. Wir sind auch der Frage des Denkens nachgegangen – warum das Denken dieses Leben so ganz und gar unmöglich gemacht hat. Das Denken hat eine Menge Konflikte hervorgerufen, zweieinhalb Millionen Jahre Kriege, das heißt, daß wir einander praktisch jedes Jahr töten – im Namen Gottes, im Namen des Patriotismus, mein Land gegen Dein Land, unsere Religion gegen Eure Religion und so fort.

Und wir haben auch über das Wesen des Denkens gesprochen, weshalb das Denken die Menschen trennt oder sie zusammenbringt, um ein bestimmtes Vorhaben auszuführen, wie etwa auf den Mond zu fliegen. Um diese Rakete zu bauen, mußten etwa 300000 Menschen beschäftigt werden, von denen jeder einzelne seinen kleinen Job perfekt ausgeführt hat. Entweder kommen wir in einer Krise zusammen, wie im Krieg, der aus Haß geboren wird, oder wir kommen wegen einer nationalen Angelegenheit zusammen, oder wenn eine große Katastrophe eintritt, wie ein Erdbeben oder ein Vulkanausbruch. Abgesehen davon kommen wir niemals zusammen.

Nun, an diesem Morgen, wenn ich das mit allem Respekt vorschlagen darf, sollten wir alle zusammenkommen, so wie wir alle zusammensitzen, und Energie sammeln, um die verschiedenen Fragen, die wir gemeinsam stellen wollen, ganz klar durchdenken zu können. Das heißt, daß wir alle unsere Gehirne, die ziemlich träge, langsam, monoton, repetitiv sind, aktivieren müssen. Also wollen wir gemeinsam unsere Gehirne wachsam halten. Nicht nur unser physischer Organismus muß aktiv bleiben, weil uns das Energie gibt, auch unser Gehirn muß sehr klar, sehr aktiv sein. Nicht ein spezialisiertes Gehirn, wie ein Philosoph, ein Wissenschaftler, ein Physiker und so weiter. Diese spezialisierten Gehirne werden sehr eng. Philosophie bedeutet dem Wörterbuch zufolge die Liebe zur Wahrheit, die Liebe zum Leben, die Liebe zur Weisheit – nicht einfach mehr und mehr Theorien hinzufügen oder jemanden zitieren und erklären, was man zitiert hat.

Ich weiß nicht, ob Sie sich jemals mit der Frage des Lernens befaßt haben, was es heißt zu lernen. Nun wollen wir miteinander herausfinden, was das bedeutet. Im allgemeinen verstehen wir unter Lernen Auswendiglernen. Die ganze Schulzeit hindurch, im College und auf der Universität lernen Sie auswendig. Und dieses Gedächtnis kann dazu dienen, den Lebensunterhalt zu verdienen, Macht zu erlangen, Besitz, Prestige, Begünstigung und so weiter. Gibt es eine andere Art des Lernens? Wir kennen die gewöhnliche Art des Lernens – in der Schule, im College, auf der Universität, oder das Lernen eines Handwerks, um ein ausgezeichneter Zimmermann oder Klempner oder Koch zu werden. Was also ist Lernen? Haben Sie jemals darüber nachgedacht? Wenn Sie auswendig lernen, ist Ihr Gehirn mit Erinnerungen angefüllt. Das ist einfach. Das Gedächtnis nimmt zu, hält Sie geistig einigermaßen frisch, Sie lernen mehr und mehr und mehr. Nun fragt der Sprecher Sie: Gibt es eine vollkommen andere Art des Lernens, die nicht bloßes Auswendiglernen ist?

Dies ist eine sehr wichtige Frage, denn das Gehirn registriert jedes Geschehnis, Erinnerungen jeglicher Art. Wenn Sie verletzt sind, wird es registriert, aber Sie fragen niemals, *wer* verletzt ist; das werden wir gleich sehen. Das Gehirn also registriert; das ist wichtig festzustellen. Es muß registrieren, sonst wären Sie und ich nicht hier. Das Gehirn registriert also fortwährend, es legt *ad acta*. Nun, ist es notwendig zu registrieren? – Ihnen passiert etwas mit dem Auto – ein Unfall; es wird sofort registriert, denn Sie sind verletzt, oder Ihr Auto ist beschädigt. Das Gehirn hat nicht nur die Fähigkeit, die Energie, zu registrieren, sondern auch sich abzusichern. Und wir fragen: Ist es notwendig, alles zu registrieren? Oder können wir nur registrieren, was nötig ist, und sonst nichts? Haben Sie sich diese Frage schon einmal gestellt? Das Gehirn registriert um seiner eigenen Sicherheit willen, sonst würden Sie und ich nicht hier sitzen. Sie haben registriert, wie lange Sie brauchten, um hierherzukommen, und so weiter. Wir fragen, ist es nötig, gewisse Dinge zu registrieren, und vollkommen unnötig, wenn die Psyche dabei im Spiel ist? Verstehen Sie meine Frage, Sir? Ist es nötig, zu registrieren, wenn Ihnen geschmeichelt wird oder Sie beleidigt werden? Ist es nötig, etwas derartiges zu registrieren?

Das Registrieren baut die Psyche auf. Dies ist eine sehr ernste Frage. Die Psyche, die sich aus verschiedenen Elementen, Eigenschaften, Wertvorstellungen zusammensetzt, hat ihren Sitz im Gehirn, wir nennen dies Bewußtsein. In diesem Bewußtsein sind Erinnerungen, Ängste und so weiter enthalten. Und so fragen wir wieder, ist es notwendig, die Psyche aufzubauen? Die Psyche bedeutet das Selbst, das Selbst sind alle Erinnerungen, die Aktivitäten von Denken, Einbildungskraft, Faszination, Angst, Vergnügen, Kummer, Schmerz. Es ist das Registrieren, das die gesamte Psyche, das »Ich«, die Persona aufbaut.

Nun fragen wir: Ist es notwendig zu registrieren und damit das Selbst aufzubauen? Haben Sie jemals darüber nachgedacht, prüfend, forschend, sind Sie dieser Frage des Registrierens nachgegangen, so wie Sie verschiedenen philosophischen, religiösen Fragen nachgehen würden? Es mag notwendig sein, gewisse Dinge zu registrieren, und *vollkommen unnötig*, anderes zu registrieren – sehen Sie das Wunderbare daran? – So daß das Gehirn nicht für immer durch Gedächtnis konditioniert ist, so daß das Gehirn außerordentlich frei und doch aktiv sein kann. Das ist die erste Frage.

Lernen heißt also, *nicht zu registrieren*. Wir haben diese Frage mit Psychiatern in New York diskutiert. Sie waren fasziniert von der Idee, nicht zu registrieren, damit die Gehirnzellen selbst mutieren können. Unser Gehirn baut sich aus Zellen und so weiter auf – ich bin kein Fachmann –, und in den Gehirnzellen sind die Erinnerungen. Und wir leben von diesen Erinnerungen – von der Vergangenheit und all den Erinnerungen, die wir haben. Und je älter Sie werden, um so weiter gehen Sie zurück, weiter und weiter, bis Sie sterben. Und es ist wichtig zu lernen herauszufinden, ob das Gehirn wirklich alles registrieren muß. Vergessen und Nichtregistrieren sind zwei völlig verschiedene Dinge. Wenn Sie verletzt sind, nicht physisch, sondern psychisch, innerlich, sagen Sie: »Ich bin verletzt.« Sie alle sind verletzt worden, nicht wahr? Von Kindheit an, bis Sie alt werden und sterben, werden Sie ständig verletzt. Sie sagen: »Ich kann keine Verletzungen mehr ertragen, ich bin so oft verletzt worden. Ich habe Angst davor.« Ich baue eine Mauer um mich herum, isoliere mich – das alles sind die Konsequenzen des Verletztwerdens.

Nun, wer wird verletzt? Sie sagen: »Ich bin es.« Was ist dann das »Ich«? Sie sagen »Ich«, ich, das Ego, welches Wort auch immer, aber Sie untersuchen nicht, wer das »Ich« ist, wer die Persona ist. Wer sind Sie – ein Name, ein akademischer Grad, wenn Sie das Glück oder Unglück haben –, ein Job, ein Haus oder eine Wohnung und ein Titel vor dem Namen? Das sind die Bilder, die Sie von sich selbst aufgebaut haben, so daß, wenn Sie sagen, Sie sind verletzt, Ihr Bild von sich selbst verletzt ist. Doch all diese Bilder sind Sie – Sie sind Physiker, Sie sind Arzt, Sie sind ein Politiker oder ein Ingenieur. Ist Ihnen jemals aufgefallen, daß man immer mit seinem Beruf vorgestellt wird? Also ist das Selbst, die Psyche, die Persona das Bild, das Sie sich von sich selbst aufgebaut haben.

Sie haben sich ein Bild von Ihrer Frau aufgebaut, und sie macht sich ein Bild von Ihnen – und diese Bilder haben eine Beziehung. Sehen Sie, was geschieht? Die *Bilder* haben die Beziehung – nicht die Personen, sondern die Bilder, und damit leben Sie. So kennen Sie niemals Ihre Frau oder Ihren Mann oder Ihren Freund. Oder Sie wollen sie nicht kennen, Sie haben ja das Bild. Die Frage ist also: Können Sie leben ohne ein einziges Bild? Sehen Sie, was das beinhaltet, das Wunderbare daran, die Freiheit darin?

Wir sollten darüber sprechen, warum wir all diese Anstrengungen in unserem Leben machen. Warum machen wir diese enorme Anstrengung bei allem, was wir tun? Wir strengen uns ungeheuer an, zu meditieren, zu leben, zu kämpfen, miteinander zu streiten – Meinung gegen Meinung, Urteil gegen Urteil. Ich bin Ihrer Meinung, ich bin nicht seiner Meinung. Warum all diese Anstrengung? Wofür? – Für Geld, für Ihre Familie, für Zuneigung, um das Gefühl zu haben, von jemandem geliebt zu werden?

Wenn Sie diese Frage stellen, dann müssen Sie fragen, was ist Liebe? Ist Liebe Anstrengung? – Ich muß dich lieben, deshalb muß ich mich dafür anstrengen. Kann Liebe existieren, wo Ehrgeiz herrscht? Sir, bitte, das ist ernst: Das ist nicht für jemanden, dem es gleichgültig ist, der nur etwas für sich selber will. Ist Liebe Ehrgeiz, ist sie Habgier, ist sie Egozentrik? Ist Liebe das Gegenteil von Haß?

Sie wissen, wir haben immer gekämpft, das Gute bekämpft das Böse, das ganze Leben lang. Sie sehen es in Gemälden, in denen das Gute und der Teufel symbolisiert werden. In der griechischen Mythologie wie auch in anderen Mythologien ist es der weiße Stier gegen den schwarzen Stier oder das Gute bekämpft das Böse in verschiedenen Formen, Symbolen und so weiter. Wir tun das noch immer – das Gute bekämpft das Böse. Ist das Gute getrennt vom Bösen? Entsteht das Gute aus dem Bösen? Wenn das Gute mit dem Bösen verwandt ist, dann ist es nicht gut. Wenn das Gute aus dem Bösen entsteht oder von ihm abstammt, dann ist es nicht gut. Das ist einfach, nicht wahr? Wenn aber das Böse vollkommen vom Guten getrennt ist, wenn es keine Beziehung zwischen dem Guten und dem Bösen gibt, dann gibt es nur das Böse und das Gute, die vollkommen voneinander getrennt sind. Deshalb können sie nicht miteinander kämpfen.

Wir müssen nun also fragen: Was ist das Gute? Und Sie müssen fragen: Kann Liebe Haß enthalten? Oder hat Haß nichts mit Liebe zu tun – deshalb gibt es keine Beziehung zwischen den beiden, deshalb können sie einander nicht bekämpfen? Dies ist eine wichtige Frage, die Sie verstehen, untersuchen müssen. Sie sagen immer: »Ich bin heute nicht gut gewesen, aber ich will morgen gut sein«, oder: »Ich bin heute zornig gewesen, aber morgen will ich nicht zornig sein.« Dies ist die relative Beziehung zwischen dem Guten und dem Bösen. Liebe hat nicht das geringste mit Eifersucht zu tun; Liebe hat nicht das geringste mit Haß zu tun. Wo Haß, Lust, Angst und so weiter existieren, da kann Liebe nicht existieren. Und der Sprecher bezweifelt, ob Sie überhaupt irgend jemanden lieben.

Was ist Liebe? Wie entsteht sie? Stellen Sie sich wirklich diese Frage oder stelle ich sie für Sie? Kann Liebe existieren, wo Kummer herrscht? Die meisten von uns haben den einen oder anderen Kummer – Versagen bei einer Prüfung, Mißerfolg im Geschäftsleben oder in der Politik oder in Ihrer Beziehung zu jemandem dort oben – sei es Ihr Guru oder irgendeine andere Phantasiegestalt. Und wenn Sie keinen Erfolg haben, sind Sie deprimiert, Sie haben Kummer. Oder Sie haben Kummer, weil Sie in einem kleinen Dorf leben und nicht lesen und schreiben können, Sie können nicht autofahren oder können kein heißes Bad nehmen und haben nur ein schmutziges

Lendentuch. Der Mann mit einer Stellung hoch oben auf der Erfolgsleiter – auch er leidet.

Jeder also auf dieser Erde – jeder – vom Reichsten bis zum Ärmsten, vom Mächtigsten bis zum Machtlosesten, leidet. Das Leid ist nicht *Ihres*, denn jeder leidet. Es ist nicht *mein* Leid, es ist Leid. Ob Sie das wohl verstehen? Mein Sohn stirbt, und ich bin völlig außer mir. Ich weine und sage: »Mein Gott, ich habe meinen Sohn verloren«, und das wird zu einem ewigen Problem. Ich weine jedesmal, wenn ich einen kleinen Jungen oder ein kleines Mädchen sehe. Und ich durchlebe den Schmerz der Einsamkeit, des Kummers.

Wo Leid ist, da ist keine Liebe. Bitte verstehen Sie das. Wenn ich leide, leide, leide, ist das auch nur Selbstmitleid, Eigeninteresse, es ist: »Mein Leid ist anders als dein Leid«, oder: »Mein Guru ist stärker als dein Guru«, oder: »Mein Gott ist anders als dein Gott.« Kann also das Leiden ein Ende haben? Oder muß die Menschheit das ganze Leben hindurch dieses Leiden ertragen? Der Sprecher sagt, es kann enden. Sonst gibt es keine Liebe. Ich vergieße immerfort Tränen, ich leide, und Sie kommen daher und sagen zu mir: »Jeder Mensch auf Erden leidet; es ist nicht dein Leiden, wir alle haben daran teil.« Ich weigere mich, eine solche Behauptung zu akzeptieren, denn ich liebe meinen Kummer, und ich will etwas Besonderes in meinem Kummer sein.

Um ein Gefühl dafür zu bekommen, muß man unablässig Fragen stellen, überzeugen, Gespräche führen, man muß sagen: »Es gehört nicht nur dir, du kannst ein wenig davon für dich behalten, aber es gehört nicht dir allein.« Das heißt, kein Selbstmitleid, und es heißt, daß Sie wirklich die Last des Leidens mit dem Rest der Menschheit teilen. Kommen Sie, Sir, denken Sie darüber nach, betrachten Sie es; Sie sind Teil der Menschheit; Sie sind nicht getrennt von der Menschheit. Sie mögen eine bessere Stellung haben, bessere Universitätsgrade, besseres Geld, aber Sie sind ein Teil der Menschheit. Ihr Bewußtsein ist ein Teil der Menschheit. Ihr Bewußtsein enthält alles, was Sie gedacht, sich eingebildet, gefürchtet haben und so weiter. Das ist Ihr Bewußtsein, und das ist auch das Bewußtsein der Menschheit. Die Menschheit hat Angst, Kummer, Schmerz, Furcht, Tränen, Unsicherheit, Verwirrung. Jeder Mensch auf Erden hat das alles, und Sie sind wie die übrigen. Also sind Sie keine Individuen. Ich weiß, daß mein Körper verschieden von Ihrem Körper ist – Sie sind eine Frau, ich bin ein Mann. Doch wir sind auf der

Welt als eine Einheit. Wenn Sie diese Beziehung fühlen, sind Sie die übrige Menschheit. Dann tritt etwas völlig anderes ein, nicht nur Worte, Einbildungen, sondern das Gefühl dafür, für dieses Ungeheuerliche.

Wir sollten über den Tod sprechen. Entschuldigen Sie, an einem lieblichen Morgen, wenn wir ruhig unter den Bäumen sitzen – kein Zug fährt über die Brücke –, über den Tod zu sprechen, mag Ihnen morbide vorkommen, abstoßend. Nun werden wir das gemeinsam untersuchen, miteinander – nicht, indem Sie nur zuhören und ich rede. Also, was ist der Tod? Warum haben wir solche Angst davor? Warum verwahren wir den Tod auf zehn Jahre später, zwanzig Jahre später oder hundert Jahre später? Und Sie müssen nicht nur fragen, was ist Tod und Sterben, sondern auch, was ist Leben. Was ist Ihr Leben? – Im Büro von neun bis fünf, als Angestellter, als Gouverneur, als Fabrikarbeiter oder was es auch sei, für den Rest Ihres Lebens, bis Sie sich als verkalkter alter Mann zur Ruhe setzen. Und Ihr Leben ist Kinderzeugen, Sex, Vergnügen, Schmerz, Kummer, Angst, ein Problem nach dem anderen – Krankheit, Ärzte, Kaiserschnittoperationen, Schmerzen des Gebärens. Das ist Ihr Leben. Oder etwa nicht? Und das nennen Sie Leben. Sie hegen es, Sie genießen es, Sie wollen mehr und mehr davon. Nicht wahr? Und Sie schieben den Tod so viele Jahre wie möglich von sich weg. Und in dieser zeitlichen Entfernung bauen Sie wieder und wieder dieselbe Schablone auf. Ihre Kinder, Ihre Enkelkinder, alle leben nach derselben Schablone, die Sie Leben nennen.

So sage ich zu mir selbst, warum bringe ich nicht das, was Sie Tod nennen, in das Leben ein? Sie können nichts mitnehmen – nicht einmal alles, was Ihr Guru gesagt hat, und alles, was Sie versucht haben, in Ihrem Leben zu verwirklichen, weder Ihre Möbel, Ihre Frau, Ihre Kinder, noch alles Silber, das Sie angesammelt haben, alles Geld auf der Bank. Wenn Sie also nichts mitnehmen können, warum lassen Sie nicht Leben und Tod einander begegnen? Verstehen Sie, was ich meine? Warum lassen Sie den Tod nicht heute kommen? Nicht Selbstmord – das ist nicht, was ich meine. Warum nicht heute vollkommen frei sein von Bindung – die Tod bedeutet? Vollkommen ungebunden sein – heute, nicht morgen. Morgen ist Tod. Warum also kann ich nicht *jetzt* frei von Bindung sein, so daß Leben und Sterben jederzeit zusammen sind? Sehen Sie nicht das Wunderbare daran? Das gibt Ihnen ein unermeßliches Gefühl der Freiheit.

So sind Leben und Sterben zusammen – immer. Das ist nicht etwas, wovor man sich fürchten muß. Wenn das Gehirn das tun kann, dann hat es eine wesentliche Veränderung in sich bewirkt. Es hat keine Haken, es hat kein Gefühl für Vergangenheit, Zukunft, Gegenwart. Das ist *Leben* – eine wirklich grenzenlose Art zu leben. Das heißt, jeder Tag ist ein neuer Tag. Mißverstehen Sie nicht, was ich sage – die Zukunft ist jetzt.

Es gibt kein: »Ich werde im nächsten Leben wiedergeboren werden.« Das ist eine Idee, an der Sie hängen. Sie gibt Ihnen viel Trost, doch wenn Sie an Wiedergeburt glauben, dann müssen Sie jetzt handeln, denn im nächsten Leben werden Sie dafür bestraft oder belohnt. Das ist eine sehr tröstliche Idee, doch sie ist sinnlos. Denn wenn Sie jetzt richtig handeln, gibt es für das rechte Handeln keine Belohnung. Rechtes Handeln ist rechtes Handeln, nicht das, was Sie dafür bekommen. Das ist eine kaufmännische Einstellung, eine mechanische Einstellung.

Wir sollten über Religion sprechen. Was ist Religion? Sir, das ist eine der wichtigsten Fragen des Lebens. Es gibt Tempel in ganz Indien, Moscheen auf der ganzen Welt, Kirchen überall auf der Welt, mit ihren schön geschmückten, schön gekleideten Priestern mit ihren vielen Medaillons und so weiter. Dies war eines der Probleme seit frühesten Zeiten: Der Priester und der König – der Priester wollte Macht, und auch der König wollte Macht. Doch der Priester war stärker, denn er war derjenige, der schreiben und lesen konnte, und der König mußte ihm gehorchen, da er als der weisere Mann galt. Und mit der Zeit sagte der König: »Das paßt mir nicht«, und so gab es Krieg zwischen dem Priester und dem König. Das ist historisch; Sie können es in verschiedenen Büchern finden.

Das Wort »Religion« hatte einst eine sehr komplexe Bedeutung, doch heute ist es ein Symbol geworden, ein Ritual, ein Aberglaube. Ist das Religion oder ist Religion etwas völlig anderes, etwas, das nichts mit Ritualen, mit Symbolen zu tun hat, weil diese alle vom Menschen erfunden worden sind? Weil Priester Macht, gesellschaftliche Stellung wollten, setzten sie sich neue Hüte auf, zogen neue Kleider an und ließen sich lange Bärte wachsen oder sie schoren sich die Köpfe – und das alles nennt man Religion. Für einen normalen, denkenden, einigermaßen intelligenten Menschen ist das Quatsch, völliger Quatsch. Wenn er das alles verwirft, wirklich total verwirft, aufhört, ein Hindu mit dessen Aberglauben, Symbolen,

Andachten, Gebeten zu sein, dann ist er ein ernster Mensch; er ist kein Wortkrämer.

Sir, der Sprecher macht keine Gesetze. Lassen Sie uns darüber sprechen, lassen Sie uns suchen, lassen Sie uns gemeinsam an die Frage herangehen. Unsere Gehirne schwätzen unaufhörlich. Haben Sie das nicht bemerkt? – Schwätzen, schwätzen, schwätzen, oder sie machen sich etwas vor, sind ständig beschäftigt. Es gibt keinen Augenblick des Schweigens. Und Schweigen ist auch Wiederholung – »Ram, Ram«, oder was auch immer Sie wiederholen mögen. Wenn Sie etwas mechanisch wiederholen, wenn Sie das Wort wiederholen, wird das Gehirn allmählich, durch Wiederholung, stumpf und still; und diese Stille erscheint Ihnen als etwas Wunderbares. Sie glauben, daß Sie etwas Außerordentliches erreicht haben, und Sie gehen hin und wiederholen das bei anderen, und die armen, leichtgläubigen Leute sagen: »Ja, ja.« Ihre Meditation ist eine Folge von Leistungen. Können Sie all den Unsinn verwerfen? Für den Sprecher ist es totaler Unsinn, es ist wie in den Zirkus gehen.

Wir müssen fragen, was Meditation ist und was Stille ist. Stille gewährt Raum. Man kann nicht still sein in der Zeit. Wir müssen in diese Fragen der Meditation, des Raumes, der Zeit eindringen, und ob es ein Enden der Zeit gibt. Wir werden Ihnen nicht sagen, wie man meditiert. Fragen Sie nicht, *wie* man meditiert. Das wäre, als ob man einem Tischler sagte, wie er einen schönen Schrank bauen soll. Wenn er ein guter Tischler ist, brauchen Sie es ihm nicht zu sagen. Ihre jetzige Meditation ist Leistung.

Das Wort Meditation bedeutet »sich etwas überlegen, nachdenken, abwägen, etwas genau betrachten«. Es bedeutet auch »messen«, von *ma* im Sanskrit. Wenn Sie vergleichen – »Ich war heute dies, morgen werde ich jenes sein« –, ist das ein Messen. Messen hat keinen Platz in der Meditation. Messen ist notwendig in jeder Technologie – ob Sie nun einen Stuhl bauen oder die komplizierteste Rakete, um zum Mond zu fliegen.

Wir behaupten, Meditation beinhaltet völlige Freiheit von jeglichem Vergleichen und Messen – und das ist schwer. Meditation ist etwas Wunderbares, wenn Sie wissen, was man tun soll. Der Meditierende ist etwas anderes als die Meditation. Solange Sie der Meditierende sind, gibt es keine Meditation, denn der Meditierende ist um sich selbst besorgt – um seine Fortschritte, um das, was er tut. In der Meditation ist der Meditierende nicht vorhanden. Entdecken Sie selbst die Schönheit, die Tiefe, die Feinheit darin. Das Üben der Meditation ist nicht Meditation – sitzen und das Gehirn immer stumpfer werden lassen und sagen: »Ja, ich habe eine Stunde meditiert.« (Übrigens, Sir, berühren Sie nicht meine Füße – das ist eines Menschen äußerst unwürdig. Sie können meine Hand halten, aber nicht meine Füße, das ist unmenschlich, unwürdig.)

Meditation also ist etwas, das nicht geübt werden kann, so wie man Geige oder Klavier übt. Üben bedeutet, daß Sie ein gewisses Niveau von Perfektion erreichen wollen. Doch in der Meditation gibt es kein Niveau, nichts, was erreicht werden kann. Daher gibt es keine bewußte, absichtliche Meditation; es ist eine Meditation, die völlig richtungslos ist, völlig – wenn ich das Wort gebrauchen darf – »unbewußt«. Es ist kein absichtlicher Vorgang. Lassen wir es dabei bewenden. Wir können viel Zeit damit zubringen – eine Stunde, einen ganzen Tag, Ihr ganzes Leben, um das herauszufinden.

Lassen Sie uns nun über Raum sprechen. Denn das ist Meditation – Raum. Wir haben keinen Raum im Gehirn. Es gibt Raum zwischen Kämpfen, zwischen zwei Gedanken, doch das ist noch immer in der Sphäre des Denkens. Was also ist Raum? Enthält Raum Zeit? Oder schließt Zeit allen Raum in sich ein? Wir haben über Zeit gesprochen. Wenn Raum Zeit enthält, dann ist es nicht Raum. Dann ist es umgrenzt, limitiert. Kann also das Gehirn frei von Zeit sein? Sir, das ist eine so wichtige, unermeßliche Frage: Sie scheinen das nicht zu erfassen.

Wenn Leben, alles Leben im *Jetzt* enthalten ist, sehen Sie, was das bedeutet? Die ganze Menschheit sind Sie. Die ganze Menschheit – weil Sie leiden, leidet er; sein Bewußtsein sind Sie; Ihr Bewußtsein, Ihr Sein, ist er. Es gibt kein Sie und ich, das den Raum begrenzt. Gibt es also ein Ende der Zeit – nicht der Uhr, die Sie aufziehen und die stillsteht, sondern der gesamten Bewegung der Zeit?

Zeit ist Bewegung, eine Folge von Ereignissen. Denken ist ebenfalls eine Folge von Bewegungen. Also ist Zeit Denken. Wir sagen also, wenn Raum Zeit enthält, ist es nicht Raum. Gibt es also ein Enden der Zeit? Das heißt, gibt es ein Enden des Denkens, das heißt, gibt es ein Ende des Wissens; gibt es ein Enden der Erfahrung? – Das ist vollkommene Freiheit. Und *das* ist Meditation. Nicht sitzen und schauen – das ist kindisch. Dies erfordert nicht nur beträchtlichen

Intellekt, sondern Einsicht. Der Physiker, der Künstler, der Maler, der Dichter und so weiter, sie haben begrenzte Einsicht. Wir sprechen über eine zeitlose Einsicht. Das ist Meditation, das ist Religion, und so sollten Sie leben, wenn Sie es wollen, bis ans Ende Ihrer Tage.

Diskussion mit den Zeltbewohnern
21. November 1985

Krishnamurti (**K**): Dies sollte ein Gespräch zwischen uns sein. Sie
werden mich fragen, den Sprecher fragen; wir werden eine Diskussion haben, eine Deliberation, werden miteinander beraten, miteinander erwägen, miteinander überlegen, miteinander etwas abwägen.
Nicht so, daß eine Person Ihre Fragen oder Ihre Rückfragen beantwortet; nicht, daß der Sprecher nachdenkt und Sie dann zustimmen
– das ist recht kindisch –, sondern wir werden vielmehr miteinander
ein Gespräch führen. Wahrscheinlich sind Sie nicht daran gewöhnt –
wirklich mit jemandem offen und frei zu sprechen; wahrscheinlich
tun Sie das niemals, nicht einmal mit Ihrer Frau oder Ihrem Mann
oder jemandem, der Ihnen sehr nahesteht. Sie setzen Ihre Maske
auf, Sie spielen eine Rolle. Wenn Sie es können, legen Sie das alles
heute morgen ab, und überlegen Sie sich, welche Fragen wir haben,
was Sie am meisten interessiert; nicht nur absurdes Zeug, sondern
vielmehr, was Sie wirklich herausfinden wollen.
Bevor wir anfangen zu diskutieren – wie gehen Sie an eine Frage
heran? Verstehen Sie, was ich frage? Wie betrachten Sie eine Frage,
ein Problem; wie erwägen Sie ein Problem; wie kommen Sie einem
Problem ganz nahe auf die Spur? Wir können nicht erwarten, daß
der Sprecher Ihre Frage beantwortet, denn in der Frage selbst
könnte die Antwort enthalten sein. Verstehen Sie das? Also, welche
Frage auch immer wir heute morgen diskutieren werden, lassen Sie
uns diese zunächst untersuchen und nicht auf eine Antwort warten.
Haben Sie diese Tatsache verstanden oder ist das mysteriös?
Ich habe eine Frage für Sie – ich werde sie nicht beantworten –,
warum trennen Sie das Leben, unser tägliches Leben, von Ihren
Vorstellungen des Spirituellen? Warum trennen Sie diese beiden?
Warum trennen Sie das sogenannte religiöse Leben und das ein-
tönige, einsame tägliche Leben? Beantworten Sie meine Frage.

Erster Teilnehmer (**Ti**): Weil wir eine andere Art von Energie dazu
brauchen. Im spirituellen Leben und im gewöhnlichen, weltlichen
Leben sind zwei verschiedene Arten von Energie im Spiel.

K Das heißt, zwei verschiedene Arten von Energie – eine für das sogenannte spirituelle, religiöse Leben und eine andere Art von Energie
für das weltliche Leben. Nun, ich werde diese Frage nicht beantworten. Lassen Sie uns herausfinden, ob das, was Sie sagten, tatsächlich
so ist.
Sie sagen, daß die Leute, die religiös sind, die diese komischen Ge-
wänder anziehen, eine Energie haben, die völlig verschieden ist von
der eines Mannes, der herumreist und Geld verdient, oder von der
des armen Mannes im Dorf. Warum trennen Sie die beiden? Darf
ich diese Frage stellen? Energie ist Energie, nicht wahr? – Ob es nun
elektrische Energie ist oder die Energie eines Motors oder Sonnen-
energie oder die Energie eines Flusses bei Hochwasser. Warum also
trennen Sie Energie? Hat etwa der Mann mit einem Bart, mit seltsamen Gewändern, mehr Energie, oder versucht er, seine Energie auf
eine bestimmte Sache zu konzentrieren? Verstehen Sie, Sir?

T₂ Es gibt verschiedene Arten von Energie: Die eine ist die Energie des
Denkens, die zum Schweigen gebracht werden kann; und es gibt
eine andere, die Energie der Einsicht, die nicht zum Schweigen gebracht wird, und da ist noch eine weitere, die Energie des Geistes,
die Mitgefühl und andere Dinge hervorbringt.

K Bestimmt nicht.

T₂ Wie bitte, Sir?

K Sir, wir sprechen darüber, ich mache keine Gesetze. Würden Sie
bitte zuhören.

T₂ Was ist die Beziehung zwischen den drei Aspekten von Energie, von
Denken, Einsicht und Geist?

K Beantworten Sie das.

T₃ Darf ich, Sir?

K Warum nicht? Sie haben das Recht, ihm zu antworten.

T₃ Nur weil wir es bequem haben wollen, teilen wir die Energie in verschiedene Kategorien ein. Ich glaube nicht, daß es viele Arten von
Energie geben kann. Es kann nur eine Energie geben.

K Ja, das würde ich auch denken. Sie sehen, wie wir alles trennen. Wir
trennen spirituelle Energie, geistige Energie, die Energie der Einsicht, die Energie des Denkens.

T₃ Dann wird es so kompliziert.

K Ich weiß, das kompliziert es, nicht wahr? Sollte man das nicht ganz
einfach machen? Die Energie des Körpers, die sexuelle Energie, die
Energie des Denkens, das alles ist Energie. Es ist eine Sache; aber

wir trennen sie. Warum? Finden Sie das heraus, gnädige Frau, warum trennen wir das?

T₄ Wir sind konditioniert, sie zu trennen.

K Ja, Sir. Warum sind Sie konditioniert? Warum akzeptieren Sie diese Trennung? Indien–Pakistan, Rußland–Amerika – warum trennen Sie das alles? Sagen Sie es mir.

T₅ Die Trennung ist eine Realität.

K Natürlich ist sie eine Realität. Warum behaupten Sie etwas so Offensichtliches, Sir?

T₅ Es ist ein Unterschied zwischen Wahrheit und Realität.

K Gut, was nennen Sie Realität?

T₅ Das, was wir sehen.

K Deshalb sagen Sie, Sie haben die Realität unmittelbar vor Augen, nicht wahr? – Es ist das, was Sie visuell, optisch sehen. Ist der Baum eine Realität?

T₅ Ja, Sir.

K Gut, ist was Sie *denken* eine Realität?

T₅ Manchmal müssen wir denken.

K Ist Ihre Frau eine Realität? Ich will Sie etwas fragen: Was meinen Sie mit »meine Frau«?

T₆ Da ist einmal die psychische Einstellung, die ich meiner Frau gegenüber habe, und andererseits die Realität meiner Frau, die ihre eigene Psyche hat.

K Wollen Sie sagen, Sir – wenn ich es in meine eigenen Worte bringen darf –, daß das Bild Ihrer Frau, das Bild, das Sie aufgebaut haben, anders ist als Ihre Frau; ist es das?

T₆ Manchmal könnte das Bild mit der Realität meiner Frau, wie sie wirklich ist, zusammentreffen.

K Haben Sie Ihre Frau angesehen? Haben Sie sie gesehen, haben Sie ihre Ambitionen, ihre Ängste, ihre Schmerzen des Kindergebärens und alles andere wirklich gesehen? Haben Sie sich darüber Gedanken gemacht, wer Ihre Frau ist? Sie haben sich ein Bild von Ihrer Frau gemacht, nicht wahr?

T₆ Nicht unbedingt.

K Ich sage nicht: unbedingt oder nicht unbedingt. Es ist eine Tatsache, daß Sie, wenn Sie verheiratet sind oder wenn Sie eine Freundin haben, sich ein Bild von ihr aufbauen. Tun Sie das etwa nicht? Nicht unbedingt, aber es geschieht, nicht wahr?

T₆ Ja, Sir.

K Ich versuche nicht, Sie einzuschüchtern, Sir, aber jeder Mensch hat sich ein Bild vom anderen gemacht. Sie haben ein Bild von mir, sonst wären Sie nicht hier. So erfinden wir Bilder voneinander, je nach unserem Temperament, je nach unserem Wissen, unseren Illusionen, je nach unseren Phantasien und so weiter. Wir machen uns ein Bild von den Menschen: Sie haben ein Bild vom Premierminister, Sie haben ein Bild von der Person, die mit Ihnen spricht. Also stellen wir eine viel tiefergehende Frage, nämlich: Können Sie ein tägliches Leben ohne Bilder leben?

T7 Die Bilder, die wir aufbauen, sind gewöhnlich in Beziehung zu uns selbst. Ich baue ein Bild von mir selbst auf.

K Ja, Sie haben ein Bild von sich selbst.

T7 Ja, und wenn wir den Zustand erreichen können, über den Sie gesprochen haben – das Zentrum, das Selbst zu verleugnen –, dann würden die Bilder automatisch verschwinden. Dann kann man ohne das Bild leben.

K Wenn Sie also über Beziehung sprechen, was meinen Sie mit dem Wort? Sir, bitte, hören Sie nur ruhig zu, bevor Sie antworten. Holen Sie mal Luft. Was ist Ihre Beziehung zueinander? Sie verstehen doch das Wort »Beziehung«? Eine Beziehung zu jemandem haben – ich habe eine Beziehung zu ihm durch Blutsverwandtschaft: Er ist mein Vater, mein Bruder, was auch immer. Was meinen Sie mit dem Wort »Beziehung«? Vorsicht, Sir, seien Sie nicht so schnell; nur langsam.

T7 Ich gebrauche das Wort »Beziehung« nicht in diesem Sinne.

K Ich spreche aber in diesem Sinne.

T8 Meine Sorge um das Wohl meiner Freunde, meiner Eltern, meiner Kinder, auch der Haß – das alles gehört dazu.

K Sind Sie wirklich besorgt? Oder ist es nur der Gedanke, daß Sie besorgt sein sollten? Wenn ich Sie das höflich fragen darf, was verstehen *Sie* unter dem Wort »Beziehung haben« – nicht, welche Bedeutung Sie ihm *geben*, die Bedeutung, wie sie im Wörterbuch steht.

T9 Wirklichen Kontakt, nicht durch Worte oder Bilder.

K Sir, ich stelle Ihnen eine Frage, winden Sie sich nicht darum herum. Was verstehen Sie unter Beziehung haben? Ich habe Beziehung zu ihm – was bedeutet das?

T10 Ich meine, wenn ich sage, ich habe Beziehung zu etwas, daß ich ein Teil davon werde.

K Sind Sie ein Teil Ihrer Frau?

T10 Ja, zum Teil.

K Nicht ganz oder teilweise. Ich frage, was verstehen Sie unter dem Begriff »Beziehung haben«?

T11 Sir, mit dem tagtäglichen Leben verbunden zu sein, ein Netz von Erwartungen voneinander, Aufgaben und Verpflichtungen.

K Oh, Gott, Sie machen es so furchtbar kompliziert, nicht wahr? Ich frage Sie nur, was Sie mit dem Wort *per se* meinen – an sich –, nicht was Sie denken, daß es bedeuten solle.

T12 Enge Berührung; sich binden; etwas gemeinsam haben. Wenn ich ein Bild von Ihnen habe, dann habe ich eine Beziehung mit Ihnen.

K Haben Sie eine Beziehung mit mir?

T12 Ja.

K Welcher Art? Ich frage das im Ernst, Sir, lassen Sie es nicht fallen.

T12 Wenn ich Sie ohne ein Bild von Ihnen sehe, dann habe ich in dem Augenblick eine Beziehung mit Ihnen.

K Sie haben nicht wirklich darüber nachgedacht, Sir. Sie werfen nur mit Worten um sich.

T13 Ich glaube, wir sind von der ursprünglichen Frage abgekommen.

K Ich weiß, ich weiß. Also, Sir, lassen Sie uns zurückgehen. Ich werde auf das Wort zurückkommen; es ist ein sehr wichtiges Wort in unserem Leben.
Warum trennen wir das Spirituelle vom Weltlichen? Wir trennen Indien von Pakistan; wir trennen die verschiedenen Religionen – Christentum, Buddhismus, Hinduismus und so weiter; wir trennen, trennen, trennen. Warum? Antworten Sie nicht; betrachten Sie es nur, Sir. Wir beraten miteinander; wir betrachten gemeinsam dasselbe Problem – warum trennen wir? Natürlich, es gibt eine Trennung zwischen Mann und Frau; oder Sie sind groß, ich bin klein; Sie sind braun oder weiß, ich bin schwarz – aber das ist natürlich, oder nicht? Ich will auf das alles nicht eingehen. Also, warum trennen wir?

T14 Weil wir verschiedene Ideen und verschiedene Gefühle und verschiedene Interessen haben, und wir wollen an ihnen festhalten.

K Warum wollen Sie an ihnen festhalten?

T14 Weil wir selbstsüchtig sind und weil wir Eigeninteresse haben.

K Führen Sie nicht alles auf Eigeninteresse zurück. Warum trennen wir, frage ich. Wer trennt?

T15 Der Geist selbst wird in innere Wahrnehmung und äußere Wahrnehmung aufgeteilt.

K Sir, ist das Ihre eigene Erfahrung, oder zitieren Sie jemanden?

T15 Teils, teils.

K Könnten wir bitte für einen Augenblick ernst sein und uns diesen Tatsachen stellen? Warum haben wir die Welt um uns her getrennt – Pakistan, Indien, Europa, Amerika, Rußland und so weiter? Wer hat all diese Trennungen bewirkt?

T16 Ich denke, es ist das Ego, es ist das Denken.

K Raten Sie? Warum sehen wir uns nicht zunächst die Fakten an? Wir haben verschiedene Ideologien, verschiedene Glauben: Ein Teil der Welt glaubt an Jesus, der andere glaubt an Allah, andere Teile glauben an Buddha, ein anderer Teil glaubt an etwas anderes; wer hat all diese Trennungen veranlaßt?

T17 Wir sind es, die Menschheit.

K Das heißt, Sie.

T17 Ja, Sir.

K Sie haben die Welt getrennt.

T17 Ja, Sir.

K Warum? Warum haben Sie sie getrennt?

T18 Angst und Sicherheit.

K Wissen Sie genau, was Sie sagen?

T19 Wir trennen uns voneinander, weil uns diese Trennung Befriedigung verschafft.

K Wenn Sie von der anderen Partei getötet werden, ist das auch befriedigend? Machen Sie keine leichtfertigen Bemerkungen, denn das hier ist keine Unterhaltung; ich bin nicht hier, um Sie zu unterhalten. Wenn Sie also so freundlich sind zuzuhören, dann will ich Ihnen eine Frage stellen: Wer hat die Welt derart getrennt? Hat nicht der Mensch es getan? Sie haben es getan – denn Sie sind Hindu oder Moslem oder Sikh oder irgendeine andere Sekte, nicht wahr? Der Mensch will Sicherheit, also sagt er, ich gehöre zu den Buddhisten: Das gibt mir Identität, das gibt mir Stärke, das gibt mir das Gefühl, einen Platz zu haben, wo ich bleiben kann. Warum tun wir das? Um der Sicherheit willen; weil, wenn ich als ein Hindu in einer Welt von Moslems leben würde, würden Sie mich belästigen? Oder wenn ich als Protestant in Rom leben würde, dann fände ich das furchtbar schwierig, denn Rom ist das Zentrum des Katholizismus, nicht wahr? Wer hat das alles gemacht – dieses kolossale Durcheinander? Sie haben es gemacht, er hat es gemacht, sie hat es gemacht. Was wollen Sie dagegen tun? Nur darüber reden? Sie wollen nicht handeln; Sie sagen, wir wollen so weitermachen.

T20 Sie haben nicht die Absicht, uns zu helfen, aber wenn wir hier sind, finden wir, daß Sie uns helfen. Wie geschieht das?

K Zu dumm. Ich will niemandem helfen. Es ist falsch, einander zu helfen, außer chirurgisch, mit Nahrung und so weiter. Der Sprecher ist nicht Ihr Führer; wir haben es tausendmal gesagt in ganz Europa, Amerika und hier.

T20 Sie helfen uns vielleicht nicht, aber Sie erreichen es, daß wir etwas verstehen.

K Nein! Wir führen ein Gespräch miteinander. In diesem Gespräch fangen wir vielleicht an, die Dinge klar für uns selbst zu sehen. Deshalb hilft Ihnen niemand; es ist ein Gespräch.

T21 Ja, Sir.

K Sagen Sie nicht »Ja, Sir«. Haben Sie gehört, was ich gesagt habe – daß der Sprecher nicht hier ist, um Ihnen in irgendeiner Weise zu helfen? Er ist nicht Ihr Guru, Sie sind nicht sein Anhänger. Der Sprecher sagt, das alles ist ein Greuel.

T22 Warum gibt es so viel Grausamkeit in der Natur, daß ein Wesen das andere fressen muß, um zu überleben?

K Ein Tiger lebt von kleineren Wesen, nicht wahr? Also die großen Wesen essen die kleinen Wesen. Und Sie fragen, warum die Natur so grausam ist?

T22 Nein, Sir. Warum ist so viel Grausamkeit in der Natur?

K Zunächst einmal, warum ist so viel Grausamkeit in der Natur? – Das ist natürlich, vielleicht. Sagen Sie nicht, es herrscht Grausamkeit in der Natur. Warum sind *Sie* so grausam. Warum sind die Menschen grausam?

T23 Ich will meinen Schmerz und meinen Kummer loswerden; deshalb, wenn mich jemand verletzt, reagiere ich und antworte auf ähnliche Weise.

K Sir, haben Sie jemals in Betracht gezogen, daß alle Menschen leiden – alle Menschen auf der Welt, ob sie nun in Rußland, Amerika, China, Indien, Pakistan oder wo auch immer leben? Alle Menschen leiden.

T23 Ja, Sir.

K Nun, wie werden Sie mit diesem Leiden fertig?

T23 Ich bin an meinem eigenen Leiden interessiert.

K Was tun Sie dagegen?

T23 Ich bin hierhergekommen, um von Ihnen erleuchtet zu werden.

K Was sollen wir gemeinsam tun, Sir, *gemeinsam*? Nicht ich helfe

Ihnen oder Sie helfen mir; was werden wir gemeinsam tun, um von Kummer frei zu werden?

F23 Ich weiß es nicht, Sir.

K Wirklich nicht?

F23 Ja, Sir.

K Nein, nein, seien Sie vorsichtig mit Ihrer Antwort; dies ist eine sehr ernste Frage. Sind Sie sicher, daß Sie nicht wissen, wie Sie von Kummer frei sein können?

F23 Ich weiß nicht, wie ich mich von meinem Kummer freimachen kann.

K Einen Moment mal, einen Moment – bleiben Sie in diesem Zustand. Wollen Sie bitte zuhören, Sir? Er hat etwas sehr Ernstes gesagt. »Ich weiß wirklich nicht, wie ich frei von Kummer sein kann.« Wenn Sie sagen: »Ich weiß es nicht«, heißt das, daß Sie erwarten, es zu wissen? Verstehen Sie meine Frage?

F23 Ja, Sir.

K Ich weiß nicht, aber ich erwarte vielleicht irgendeine Antwort. Deshalb, wenn ich erwarte, trete ich aus dem Nichtwissen heraus.

F23 Was heißt das – im Nichtwissen verweilen?

K Ich werde Ihnen sagen, was es heißt; ich helfe Ihnen nicht. Das ist eine sehr ernste Angelegenheit, wenn Sie sagen, ich helfe Ihnen nicht, denn uns ist so viele tausend Jahre lang geholfen worden. Sir, wenn Sie sagen: »Ich weiß es nicht«, was heißt das? Ich weiß nicht, was der Mars ist. Er ist ein Astrophysiker, und ich gehe zu ihm, um herauszufinden, was der Mars ist.

F23 Aber ich bin nicht am Mars interessiert.

K Ich weiß, daß Sie nicht am Mars interessiert sind; ich bin es auch nicht. Aber ich nehme das als ein Beispiel. Ich weiß nicht, was der Mars ist, und ich gehe zu einem Astrophysiker und sage: »Sir, sagen Sie mir, was der Mars ist.« Er sagt mir, daß der Mars aus verschiedenen Kombinationen von Gas und allem übrigen besteht, und ich sage: »Das ist nicht der Mars: Ihre Beschreibung vom Mars ist etwas anderes als der Mars.« Also frage ich Sie, wenn Sie sagen »Ich weiß es nicht«, was meinen Sie damit – »Ich weiß es nicht«? Ich warte nicht auf eine Antwort – die schief sein mag, die falsch sein mag, die illusorisch sein mag, deshalb erwarte ich sie nicht, nicht wahr? Sind Sie in diesem Zustand – »Ich weiß es nicht«?

F24 Wir sind gelähmt, wenn wir in diesem Zustand verbleiben.

K In diesem Zustand verbleiben. Ich kann nicht im Ganges schwimmen.

T25 Ich kann nichts daran ändern.

K Sie können es nicht. Wenn Sie nicht wissen, was die Ursache des Leidens ist, wie es beendet werden kann – Sie wissen es nicht, nicht wahr? Verbleiben Sie also in diesem Zustand und entdecken Sie es. Wenn Sie eine Frage stellen, erwarten Sie eine Antwort, nicht wahr? Seien Sie ehrlich, einfach. Sie erwarten eine Antwort aus einem Buch, von einer anderen Person oder von einem Philosophen – von jemandem, der Ihnen die Antwort gibt. Könnten Sie eine Frage stellen und auf die Frage hören? Verstehen Sie, was ich sage? Wenn Sie eine Frage stellen, könnten Sie darauf warten, daß die Frage selbst sich offenbart? Ich weiß, wenn ich die Frage richtig stelle, werde ich die Antwort finden. Also könnte die Antwort in der Frage enthalten sein. Das heißt, ich richte eine Frage an Sie; versuchen Sie nicht, eine Antwort zu finden, sondern finden Sie heraus, ob Sie die Frage verstanden haben – die Tiefe der Frage oder die Oberflächlichkeit der Frage oder die Bedeutungslosigkeit der Frage. Könnten Sie als erstes die Frage betrachten? Ich schlage also vor, Sir, wenn Sie eine Frage an den Sprecher richten, dann sagt der Sprecher, die Frage selbst hat Vitalität, Energie, nicht die Antwort, denn die Antwort liegt in der Frage. Ja? Finden Sie es heraus. Die Frage enthält die Antwort.

T26 Ein intelligenter Geist kann die richtige Frage stellen. Ich habe das Gefühl, daß ich überhaupt nicht intelligent bin, wie kann ich also die richtige Frage stellen?

K Sie können es nicht. Aber Sie können herausfinden, warum Sie nicht intelligent sind. Er ist intelligent, ich bin es nicht. Warum? Ist Intelligenz vom Vergleichen abhängig? Verstehen Sie, Sir? Haben Sie meine Frage gehört?

T27 Oft finden wir die Antwort auf unsere Frage, aber wir brauchen die Zustimmung eines anderen für diese Antwort.

K Also ist die Antwort nicht wichtig, sondern die Bestätigung eines anderen ist wichtig.

T28 Die richtige Antwort ist wichtig, und deshalb ist die Bestätigung der richtigen Antwort erforderlich.

K Von wem? Von Ihren Freunden, die genauso unintelligent sind? Von wem wollen Sie Bestätigung – von der öffentlichen Meinung? Vom Gouverneur, vom Premierminister oder vom Hohepriester? Von wem wollen Sie Bestätigung, Sir? Sie denken überhaupt nicht, Sie wiederholen, wiederholen nur.

F29 Ich bleibe in der Situation »Ich weiß nicht«, aber es ist ermüdend.

K Warum ist es ermüdend?

F29 Ich versuche es herauszufinden.

K Versuchen Sie nicht, es herauszufinden. Hier ist eine Frage: Warum hat der Mensch – warum haben wir – die Welt derartig verpfuscht, unser Leben verpfuscht, anderer Menschen Leben verpfuscht? Verstehen Sie, Sir? Es herrscht Unordnung, Verwirrung, warum? Hören Sie auf die Frage, dringen Sie in die Frage ein.
Haben Sie jemals ein wunderbares Schmuckstück in der Hand gehalten? Sie betrachten es, nicht wahr? Sie sehen seine Kompliziertheit, wie schön es zusammengefügt ist, welch außerordentliche Kunstfertigkeit auf es verwandt wurde, nicht wahr? Der Silberschmied muß wunderbare Hände gehabt haben. Das Schmuckstück ist sehr wichtig; Sie betrachten es, Sie lieben es, Sie verwahren es in seinem Kästchen und betrachten es, nicht wahr?

F29 Ich möchte es besitzen.

K Ja, Sie haben es in der Hand, Sir; ich sage, Sie sehen es an. Ihr wunderbares Bild ist von irgend jemandem gemalt worden, und Sie betrachten es. Es ist in Ihrem Zimmer, es gehört Ihnen – Sie hängen es nicht einfach auf und vergessen es; Sie betrachten es. Genauso, wenn ich Ihnen eine Frage stelle, betrachten Sie sie, hören Sie auf die Frage. Aber wir sind so schnell zur Antwort bereit, so ungeduldig. So schlage ich vor, Sir, betrachten Sie sie, nehmen Sie sich Zeit, erwägen Sie sie, sehen Sie die Schönheit der Frage. Es mag eine völlig unwichtige Frage sein. Tun Sie es, Sir! Dann werden Sie feststellen, daß die Frage selbst eine ungeheure Energie hat.

F30 Warum ändern wir uns nicht?

K Warum, Sir? Warum ändern Sie sich nicht?

F30 Ich weiß es nicht, aber ich ändere mich nicht.

K Sind Sie zufrieden, so wie Sie sind?

F30 Nein.

K Dann ändern Sie sich!

F31 Sir, ich möchte Ihnen eine Frage stellen, bitte. Da ist ein Lehrer in einer Klasse, in der ein Junge ungezogen ist. Um ihn zur Ordnung zu bringen, muß er ihn bestrafen. Sollte er dieses Ritual der Strafe durchführen, was Gewalt bedeutet?

K Was meinen Sie mit dem Wort »Gewalt«? Nicht so schnell, Sir. Was meinen Sie mit »Gewalt«? Einander schlagen – würden Sie das Gewalt nennen? Ich schlage Sie, Sie schlagen mich zurück – das ist eine

Form von Gewalt, nicht wahr? Die erwachsene Person schlägt ihr Kind – das ist eine Form von Gewalt. Einander töten ist eine andere Form von Gewalt, einen anderen quälen ist wieder eine andere Form von Gewalt, versuchen einen anderen zu imitieren, ist eine andere Form von Gewalt, nicht wahr? Würden Sie dem zustimmen? Imitieren, sich dem Vorbild eines anderen angleichen – das ist Gewalt, nicht wahr? So frage ich Sie, wie wollen Sie psychischer Gewalt und physischer Gewalt Einhalt gebieten? Sagen Sie nicht, die Menschen; wie wollen *Sie* ihr Einhalt gebieten?

T32 Sir, warum gibt es Vielfalt in der Natur?

  K Gott sei Dank! Warum denken Sie über die Natur nach? Warum sorgen Sie sich um die Natur?

T32 Ich sehe die Vielfalt.

  K Sehen Sie nicht die Vielfalt hier?

T32 Ich sehe sie auch draußen.

  K Was wollen Sie damit anfangen?

T32 Ich möchte wissen, warum.

  K Sir, ich würde Sie bitten, zunächst sich selbst zu studieren, zunächst sich selbst zu kennen. Sie wissen über alles Bescheid, was außerhalb Ihrer selbst liegt, aber Sie wissen nichts über sich selbst. Dies ist eine alte Frage. Die Griechen haben sie auf ihre eigene Weise gestellt; die Ägypter, die alten Hindus haben es auch gesagt – erkenne zuerst dich selbst! Wollen Sie damit anfangen?

T33 Ich stelle mir immer die folgende Frage: Warum bin ich in den Fesseln physischer Schmerzen? Ich stelle mir ständig diese Frage, doch ich erhalte keine Antwort.

  K Vielleicht gehen Sie zu dem falschen Arzt. Sir, ich kenne Leute, die gehen von einem Arzt zum anderen. Sie haben eine Menge Geld, so traben Sie herum, von einem Arzt zum anderen. Tun Sie das auch, oder ist es psychischer Schmerz?

T33 Physisch und psychisch.

  K Was ist wichtig? Welches ist ein größerer Schmerz?

T33 Wenn der physische Schmerz extrem ist, dann ist natürlich der physische Schmerz wichtiger.

  K Sir, Sie haben meine Frage nicht beantwortet. Was halten Sie für wichtig?

T33 In dem Augenblick, in dem ich leide, ist mir das das Wichtigste.

  K Sie haben meine Frage nicht beantwortet, Sir, nicht wahr? Ich frage Sie, was ist wichtiger – psychischer Schmerz oder physischer Schmerz?

F33 Was verstehen Sie unter psychischem Schmerz?

K Ich werde es Ihnen sagen. Der Schmerz der Angst, der Schmerz der Einsamkeit, der Schmerz des Kummers und so weiter – das alles ist in der Psyche. Nun, was halten Sie für wichtiger – den psychischen oder den physischen Schmerz?

F33 Den psychischen.

K Wirklich?

F33 Ja, Sir.

K Sind Sie eigensinnig, Sir? Wenn Sie den psychischen Schmerz für wichtig halten, wer ist dann der Arzt?

F33 Ich.

K Was meinen Sie mit »ich«? *Sie* sind der Schmerz. Sie sind nicht verschieden von dem »Ich«. Das »Ich« besteht aus Schmerz, Angst, Langeweile, Einsamkeit, Furcht, Vergnügen – das alles ist das »Ich«.

F34 Wenn ich verstanden habe, daß es dringend notwendig ist, jederzeit bewußt zu sein, wie kommt es dann, daß ich in diesem Zustand nur eine ganz kurze Zeit während des Tages verbleibe?

K Weil Sie nicht verstehen, was es heißt, bewußt zu sein.

Sir, hier ist eine Frage: Es ist eine Tatsache, daß die verschiedenen Zentren der KFI[1] fortwährend und unaufhörlich betonen und verbreiten, daß sie das Zentrum von Ks Lehren sind. Nun also, wenn wir die Lehren des Buddha, die Lehren Christi und die Lehren Krishnamurtis haben, werden diese sogenannten Lehren Ks das gleiche Schicksal haben wie diejenigen Buddhas und Christi? Haben Sie die Frage verstanden?

Sir, K hat viel über das Wort »Lehre« nachgedacht. Wir haben daran gedacht, das Wort »Werk« zu benutzen – Eisenwerke, große Bauwerke, hydroelektrische Werke, verstehen Sie? Da dachte ich, »Werk« sei etwas ganz, ganz Gewöhnliches. So dachten wir, wir könnten das Wort »Lehre« gebrauchen, das ist aber nicht wichtig – das Wort, nicht wahr? Niemand kennt die Lehren des Buddha. Ich habe nach den ursprünglichen Lehren des Buddha gefragt, aber niemand kennt sie. Und Christus könnte existiert oder nicht existiert haben. Das ist ein ungeheures Problem, ob er überhaupt existiert hat. Wir haben mit großen Gelehrten darüber diskutiert. Ich möchte

1 Die Krishnamurti Foundation in Indien.

darauf nicht eingehen. Und werden Ks Lehren ebenso verschwinden wie alle anderen? Verstehen Sie meine Frage?

T35 Ich habe das nicht gesagt.

K Natürlich haben Sie es nicht gesagt; jemand hat es geschrieben. Deshalb ist es interessant. Der Fragesteller sagt, und wahrscheinlich denken auch Sie das –, daß, wenn K geht, was er ja muß, was wird aus der Lehre werden? Wird sie verschwinden wie die Lehren des Buddha, die verfälscht worden sind? Sie wissen, was passiert; hat Ks Lehre das gleiche Los zu erwarten? Haben Sie die Frage verstanden? Es hängt von Ihnen ab, nicht von jemand anderem. Es hängt von Ihnen ab – wie Sie sie einengen, wie Sie darüber denken, was sie Ihnen bedeutet. Wenn sie nichts als Worte bedeutet, dann wird sie verschwinden wie alles andere. Wenn sie etwas sehr Tiefes für Sie bedeutet, für Sie persönlich, dann wird sie nicht verfälscht. Verstehen Sie? Es hängt also von Ihnen ab, nicht von den Zentren und Informationszentren und all dem übrigen. Es hängt von Ihnen ab, ob Sie die Lehren leben oder nicht.

T36 Hat die Wahrheit ihre eigene Kraft?

K Ja, wenn Sie sie unberührt lassen.

T37 Sir, diese Frage wurde von mir gestellt. Darf ich die Frage erklären – was ich damit meine?

K Ja, Sir, was ist die Frage?

T37 Nun, meine Frage ist folgende: Sie haben siebzig Jahre lang noch und noch wiederholt, daß Sie niemanden von irgend etwas überzeugen, daß Sie kein Lehrer sind, daß Sie niemanden irgend etwas lehren. Nun sage ich, die Zentren der KFI – deren Präsident Sie sind –, sie laden die Öffentlichkeit ein: »Kommen Sie hierher, hier sind die Lehren Krishnamurtis: Studieren Sie hier, was er zu sagen hat. Er hat so viele Dinge entdeckt. Bitte kommen Sie hierher und versuchen Sie, zu studieren.« Sie sagen, daß Sie wie ein Spiegel wirken; wenn ich den Spiegel benutze, hilft mir dann der Spiegel?

K Ja.

T37 Es hilft mir, das Licht hilft mir. Ist dies nicht Ihre Lehre? Es schadet also nicht, wenn Sie sagen, daß Sie etwas lehren, etwas erklären. Sie sagen selbst, daß Sie wie ein Spiegel wirken; alles, was als Spiegel wirkt, hilft mir ganz bestimmt.

K Ja, Sir.

T37 Das ist meine Frage.

K Sir, in allen seinen Reden hat K die Tatsache betont, daß er nur ein

Spiegel ist – nicht wahr? –, daß er nur ein Spiegel ist, der reflektiert, was Ihr Leben ist. Und er hat ebenfalls gesagt, Sie können diesen Spiegel zerbrechen, wenn Sie sich selbst ganz klar gesehen haben; der Spiegel ist nicht wichtig. Aber was ist überall auf der Welt geschehen? Alle wollen im Rampenlicht stehen. Verstehen Sie, was das heißt? Alle wollen beim Zirkus mitmachen.

Nun sage ich, bitte, kümmern Sie sich nicht darum, hören Sie nur den Lehren zu; wenn jemand ein kleines Zentrum in Gujarat gründen will, dann soll er es tun, aber er hat nicht die Autorität zu sagen, daß er K repräsentiert, daß er ein Jünger ist. Er kann alles sagen, was er will, er hat die Freiheit, zu tun, was er will. Wir verlangen von niemandem, daß er dies oder jenes tun soll. Sagen wir, zum Beispiel, er fängt damit an, Videos und das alles zu kaufen und versammelt ein paar Freunde in seinem Haus. Das ist seine Angelegenheit. Wir sagen nicht: »Tun Sie dies, tun Sie jenes!« Wenn jemand das tun würde, würde ich sagen: »Tut mir leid, tun Sie es nicht!« Aber sie möchten es tun, sie möchten es deuten, sie wollen Gurus sein auf ihre eigene Weise. Sie kennen das Spiel, das Sie alle spielen. Wenn Sie das also tun wollen, dann können Sie es gern tun. Die Stiftung – unglücklicherweise gehöre ich dazu, oder glücklicherweise – sagt, Sie haben die Freiheit, zu tun, was Sie wollen – verstehen Sie, Sir? Kaufen Sie Bücher, lesen Sie Bücher, verbrennen Sie Bücher von K, tun Sie alles, was Sie wollen. Es liegt in Ihren Händen. Wenn Sie es leben wollen, leben Sie es: Wenn Sie es nicht leben wollen, ist das in Ordnung, es ist Ihre Angelegenheit. Ist das ein für allemal klar?

37 Ja, Sir.

K Die Stiftung hat keine Autorität über Ihr Leben, Ihnen zu sagen, was Sie tun oder nicht tun sollen, oder zu sagen: »Dies ist das Zentrum, von dem alle Strahlung ausgeht«, wie eine Rundfunkstation oder eine Fernsehstation; das sagen wir nicht. Alles, was wir sagen, ist: Hier ist etwas, das echt sein könnte oder das nicht echt sein könnte; hier ist etwas, das Sie beachten sollten. Nehmen Sie sich Zeit, es zu lesen; nehmen Sie sich Zeit, es zu verstehen. Wenn es Sie nicht interessiert, werfen Sie es weg; das macht nichts. Wenn Sie auf diese Weise leben wollen, dann leben Sie so. Wenn Sie es nicht wollen, lassen Sie es. Machen Sie nicht zuviel davon her. Verstehen Sie, was ich sage, Sir? Machen Sie keinen Zirkus daraus, keine Veranstaltung – sagen Sie nicht, daß Sie verstanden haben und anderen darüber berichten wollen. Nicht wahr, Sir?

Es ist Zeit, aufzuhören. Nun, darf ich Sie fragen, was haben Sie aus dem Gespräch, der Diskussion dieses Morgens mitbekommen? Nichts oder etwas? Ich frage nur, Sir, was ist in Ihnen aufgeblüht nach diesem Morgen? Wie eine Blume über Nacht aufblüht, was ist in Ihnen aufgegangen? Was ist aus Ihnen hervorgegangen?

T38 Daß wir uns angewöhnen sollten, gemeinsam zu denken.

K Haben Sie wirklich gemeinsam gedacht?

T38 Ja, das habe ich.

K Gemeinsam – Sie und ich –, oder haben Sie mit sich selbst geredet?

T38 Ich habe auch mit mir selbst geredet.

K Ja. So frage ich nur – Sie müssen dem Sprecher nichts sagen –, ich frage Sie nur höflich, wenn ich darf: Wir sind über eine Stunde zusammen gewesen, haben miteinander gesprochen, haben über manches unsere Meinung gesagt; am Ende der Reise dieses Morgens, wo sind Sie? – Wo wir begonnen haben, wo wir endeten, oder blüht da etwas Neues?

Ich werde Ihnen nicht sagen, wo Sie sind. Das wäre eine Unverschämtheit von mir, nicht wahr?

Dies ist eine außerordentliche Welt, Sir! Sie scheinen nicht zu erkennen, daß es eine wunderbare Welt ist, die Erde – schön, reich, unermeßliche Ebenen, Wüsten, Flüsse, Berge und die Herrlichkeit des Landes. Dies ist ein einzigartiges Land. Doch die Menschen sind bereit, für den Rest ihres Lebens einander zu töten. Wenn Sie so weitermachen, werden Sie dasselbe Muster immer wiederholen: Töten, töten, töten. Sie mögen sich immer wieder die wunderbarsten Gedichte auf Sanskrit vorsprechen (das tue ich auch), aber das alles ist keinen Pfennig wert, wenn Sie es nicht leben. Das ist alles, Sir.

Rishi Valley

Diskussion mit Lehrern
7. Dezember 1985

Krishnamurti (**K**): Darf ich eine sehr schwierige Frage stellen? Wie würden Sie, wenn Sie hier einen Sohn oder eine Tochter hätten, diese zu einem ganzheitlichen Leben erziehen?

Sie haben hier so viele Schüler – fähige, intelligente Schüler. Durch welche Mittel, welches Verhalten, welche verbalen Erklärungen würden Sie sie zu einer ganzheitlichen Lebensweise erziehen wollen? Mit »ganzheitlich« meine ich: heil, ungebrochen, nicht zersplittert, nicht fragmentiert, wie das Leben der meisten von uns ist. Also ist meine Frage, wenn ich sie Ihnen stellen darf: Wie bewirken Sie eine ganzheitliche Lebensweise, eine Anschauung, die nicht in Spezialisierung zersplittert ist?

Erster Lehrer (**L1**): Sir, zunächst müssen wir selbst ganzheitlich sein.

K Das versteht sich von selbst, Sir. Aber zuallererst einmal sind Sie hier Erzieher, ich selbst inbegriffen (wenn Sie es gestatten). Ich bin glücklich in Rishi Valley, ich liebe den Ort, seine Schönheit, die Hügel, die Felsen, die Blumen, die Schatten auf den Hügeln. Ich bin einer der Erzieher hier; Eltern schicken mir eines ihrer Kinder, und ich möchte dafür sorgen, daß sie ein Leben leben, das ganz ist. Ganz bedeutet gut.

»Gut«, nicht im gewöhnlichen Sinne des Wortes; nicht das traditionelle Wort »gut«: ein guter Junge, ein guter Ehemann – das ist sehr begrenzt. Das Wort »gut« hat eine viel tiefere Bedeutung, wenn Sie Güte auf Ganzheit beziehen. Gut hat dann die Eigenschaft, ungemein großzügig zu sein; gut hat das Gefühl dafür, den anderen nicht bewußt zu verletzen; gut, im Sinne von richtig, nicht nur für den Augenblick, sondern immer richtig. Richtig in dem Sinne, daß es nicht von Umständen abhängt; wenn es jetzt richtig ist, wird es hundert Jahre später oder zehn Tage später richtig sein. Richtigkeit mit Güte bezieht sich nicht auf die Umwelt, die Umstände, den Druck von außen und so weiter. Von daher kommt richtiges Handeln. Also gehören Güte und eine ganzheitliche Lebensweise zusammen. Auf welche Art und Weise werde ich dafür sorgen, daß der Junge in Güte und einer ganzheitlichen Lebensweise aufwächst? Verlassen wir uns aufeinander? Ist es ein individuelles Problem, oder ist es ein Problem der ganzen Schule, der ganzen Gemeinschaft? Das Handeln muß allumfassend sein – nicht so, daß dieser Herr so denkt und ich denke anders über Güte; es muß ein einheitliches Handeln sein. Nun, ist das möglich?

Sir, das Wort »ganzheitlich« bezieht sich nicht auf die orthodoxe, organisierte Religion, sondern auf jene Eigenschaft der Religion, die wir nun ergründen wollen. Wie kann ich das, wenn ich hier als Erzieher lebe, bewirken?

L2 Das erste, was wir tun müssen, ist, dafür sorgen, daß das Kind sich sicher in seinen Beziehungen fühlt. Ich finde, daß nichts geschehen kann, solange das Kind sich nicht sicher in seiner Beziehung zu mir und zu diesem Ort fühlt.

L3 Ich möchte herausfinden, ob das, was Sie sagen, wirklich das ist, was ich tun will. Wenn ich das Gefühl habe, daß dies wirklich das ist, was ich tun will, dann muß ich herausfinden, was ich darunter verstehe, was ich wirklich fühle.

L4 Wenn Sie und ich in der Schule zusammenarbeiten, wäre es dann notwendig herauszufinden, nicht was ich oder was Sie damit meinen, sondern vielmehr, ob es etwas gibt, das für uns alle Gültigkeit hat? Nicht, weil wir uns an einer Idee festklammern oder um einer Idee willen zusammenkommen, sondern weil wir bei dieser Suche gemeinsam feststellen: »Das ist es.«

K Sir, verstehen wir, was es heißt, ein ganzheitliches Leben zu führen? Oder ist das eine Theorie?

L3 Sir, vielleicht verstehen wir nur durch Gegensätze. Wir sehen die Zersplitterung in uns selbst...

K Wenn Sie Fragmentation oder Zersplitterung in sich selbst sehen, dann haben Sie das Problem, wie Sie sich davon frei machen, wie Sie ganz sein können. Ich will kein Problem damit haben. Dann habe ich es bereits aufgespalten.

L3 Trotzdem bleibt es Tatsache, daß wir zersplittert sind.

K Einen Moment mal. Ich weiß, daß ich zersplittert bin: mein ganzer Denkprozeß ist zersplittert. Und ebenso weiß ich, daß ich kein Problem daraus machen soll, denn das ist wieder Zersplitterung.

L3 Mein Gefühl der Zersplitterung ist selbst ein Problem – ich *mache* kein Problem, ich *sehe* ein Problem.

K Ich verstehe. Ich erkenne, daß ich zersplittert bin, aber ich will kein Problem daraus machen.

L3 Aber, Sir, heißt das nicht, wenn ich sehe, daß ich zersplittert bin, dann ist das ein Problem?

K Das ist es, worauf ich hinaus will, nämlich – ich sehe, ich bin zersplittert. Ich sage das eine und tue das andere, denke das eine und widerspreche dem, was ich denke. Und ich sehe auch ganz klar, daß ich kein Problem daraus machen darf.

L3 Vielleicht sehe ich das nicht klar.

K Eben das möchte ich diskutieren. Wenn ich ein Problem daraus mache, dann fördere ich bereits die Zersplitterung.

L3 Aber es gibt eine Zwischenphase.

K Das will ich nicht. Ich bin fragmentiert, zersplittert auf verschiedene Weise. Wenn ich ein Problem daraus mache, zu mir selber sage, ich darf nicht zersplittert sein, dann ist eben diese Feststellung aus der Zersplitterung hervorgegangen. Etwas, das aus Zersplitterung hervorgegangen ist, ist eine andere Form von Zersplitterung. Aber mein Gehirn ist darin geschult, Probleme zu schaffen. Also muß ich mir des ganzen Kreislaufs bewußt sein. Was soll ich also tun?

L1 Sie sagen dazu: »Ich sollte kein Problem daraus machen.« Haben wir die Wahl oder ist es automatisch? Wenn wir die Zersplitterung in uns selbst sehen, dann sagen wir: »Ich möchte kein Problem daraus machen.«

K Sehen Sie die *Wahrheit*, nicht: »Ich will kein Problem machen.« Ich sehe die Tatsache, daß, wenn ich ein Problem daraus mache, das wieder eine Zersplitterung ist. Das ist alles. Ich sehe es. Ich sage nicht, ich muß nicht frei davon werden oder ich muß frei davon werden, also was soll ich tun?

L1 Kann man in diesem Falle irgend etwas tun?

K Ich werde Ihnen das jetzt zeigen. Seien Sie nicht so ungeduldig, wenn Sie mir erlauben, das zu sagen.

L1 So wie ich es sehe, kann man nichts tun, außer achtsam sein, beobachten.

K Einen Moment, Sir. Kommen Sie nicht zu diesem Schluß. Was soll ich tun?

L1 Beobachten.

K Sagen Sie mir das nicht, Sir. Das sind Worte. Ich sehe, daß ich zersplittert bin, bin mir bewußt, daß, was ich auch tue, eine andere Art von Fragmentierung ist, was bleibt mir übrig? Sie versetzen sich nicht in diese Lage, Sie kommen bereits zu einer Schlußfolgerung. Und Schlußfolgerung ist wieder eine Zersplitterung. Ich habe diese Frage: Gibt es eine Möglichkeit, ganzheitlich zu leben, was bedeutet, mit den Eigenschaften eines religiösen Geistes, tiefer Güte, ohne jegliche Bosheit, ohne jegliche Dualität? Mache ich das kompliziert?

L5 Nein, Sir.

K Warum nicht, Sir? Mein ganzes Wesen denkt dualistisch. Es ist immer in Opposition, in dem Sinne, daß ich dieses tun will, und doch soll ich es nicht tun. Ich sollte es tun, aber ich tue es nicht gern und so weiter. Es nimmt immer eine oppositionelle Haltung ein. Also, was bleibt mir übrig? Ich sehe das alles auf einen Blick oder durch Analysieren. Und ich sehe, daß es so ist. Dann ist meine Frage: Was soll ich tun? Sagen Sie mir nicht: Sie sollten oder sollten nicht – ich akzeptiere nichts von Ihnen; ich bin von Natur aus sehr skeptisch.

L1 Sie stellen die Frage: Was soll ich tun? Wenn Beobachtung stattfindet, kommt keine Frage auf.

K Tun Sie das?

L1 Ja.

K Tun Sie es? Wenn Sie es nicht tun und Sie sagen, wir müssen es versuchen, sind Sie im Widerspruch, daher Dualität, daher Zersplitterung und daher keine Güte.

L6 Sobald man über einen ganzheitlichen Zustand der Güte spricht oder nachdenkt, ist man bereits im Widerspruch.

K Nein, man ist nicht im Widerspruch. Sie fassen es nur in Worte. Wie handeln Sie, wenn Sie Ihren Schüler in dieser Güte erziehen wollen? Die Schule hat einen gewissen Ruf, einen gewissen *éclat* – ein gewisses Flair. Und es herrscht eine bestimmte Atmosphäre in diesem Tal. Und ich habe Ihnen meinen Sohn geschickt in der Hoffnung, daß Sie ihm helfen werden, in diese ganzheitliche Lebensweise hineinzuwachsen. Ich nehme Kontakt auf, ich widerspreche nicht.

L5 In der Art, wie ich die Frage stelle, kommt der Widerspruch auf.

K Ich verstehe. Wir versuchen die Frage zu untersuchen, nicht Gesetze darüber zu machen. Wenigstens ich tue das nicht. Ich versuche wirklich herauszufinden, auf welche Weise ich dem Schüler helfen kann. Vielleicht bin ich nicht ganzheitlich. Sagen Sie nicht: Zuerst muß ich ganzheitlich sein, und dann kann ich unterrichten. Dann sind Sie tot. Denn das wird eine Ewigkeit dauern. Wenn Sie sagen: »Zuerst muß ich selbst ganzheitlich sein«, dann haben Sie sich selbst blockiert.

Sir, ich sage *überhaupt* nichts. Ich weiß wirklich nicht, was ich mit den Kindern tun soll, deren Eltern wollen, daß sie auf das IIT[1] oder sonstwohin gehen. Und ich habe die enorme Opposition der Gesellschaft – der Vater, die Mutter, der Großvater, die wollen, daß der Junge eine Anstellung bekommt und das alles. Wie kann ich das schaffen? Sie antworten mir nicht.

L4 Krishnaji, ich beantworte nicht die Frage, wie ich das schaffen soll; ich sehe die Zersplitterung.

K Was heißt das? Verfolgen Sie das weiter – ich bin zersplittert, der Junge ist zersplittert. Richtig, Sir?

L4 Richtig.

K Was ist dann die Beziehung zwischen mir und dem Jungen?

L4 Wir lernen gemeinsam.

K Haben Sie nicht so schnell die Phrasen bei der Hand. Was ist meine Beziehung mit dem Schüler, der ebenso zersplittert ist wie ich?

L7 Ich bin nicht anders als er.

K Natürlich sind Sie anders als er – Sie unterrichten Mathe, er kann es nicht. Sagen Sie nicht, Sie seien nicht anders als er.

L4 Es gibt überhaupt keine Beziehung, wenn ich zersplittert bin.

K Bitte, Sir, beantworten Sie meine Frage: Ich bin zersplittert, und ich bin Ihr Schüler. Was ist unsere Beziehung? Oder gibt es hier überhaupt keine Beziehung? Oder sind wir auf dem gleichen Niveau?

L5 Es kann nur eine fragmentierte Beziehung sein.

K Was ist *tatsächlich* meine Beziehung?

L5 Es scheint keine da zu sein.

K Das ist alles. Wie können Fragmente eine Beziehung haben?

L6 Warum nicht?

K Stellen Sie mir wirklich diese Frage?

L6 Ja.

K Beantworten Sie sie selbst. Sie stellen mir eine Frage, und ich bin nur zu begierig, sie zu beantworten. So geht es weiter zwischen Ihnen und mir: Ich beantworte sie, und dann entgegnen Sie; dann entgegne ich, und so weiter. Er stellt mir eine Frage und erwartet, daß ich sie beantworte, und ich sage: Ich werde sie nicht beantworten, weil in der Frage selbst die Antwort liegt. Also, können wir die Frage betrachten und darauf warten, daß sie aufblüht? Meine Frage ist sehr, sehr ernst. Die Frage selbst enthält die Antwort, wenn Sie

---

1 Indian Institute of Technology.

sie blühen lassen, wenn Sie sie in Ruhe lassen, sie nicht sofort mit einer Antwort zudecken. Ihre Antwort ist bereits konditioniert, bereits persönlich. Lassen Sie also die Frage stehen. Wenn die Frage Tiefe, Bedeutung, Vitalität hat, dann entfaltet sich die Frage.

Nun, Sir, gibt es Wahrheit? Existiert die Wahrheit? Sie wissen es nicht, wenn Sie ehrlich sind; also lassen wir die Frage. Lassen Sie uns die Frage betrachten, und die Frage beginnt sich zu entfalten: Gibt es Wahrheit oder nur aktive, vitale Illusion? Ich will darauf nicht eingehen. Wenn die Frage Tiefe hat, wenn in der Frage große Vitalität spürbar wird – weil Sie die Frage aus tiefer innerer Suche heraus stellen –, lassen Sie die Frage sich selbst beantworten. Sie wird es tun, wenn Sie sie in Ruhe lassen.

Nun komme ich auf meine anfängliche Frage zurück.

L8 Ein Kind kommt zu mir. Ich bin zersplittert, es ist zersplittert. Ist da also keine Beziehung?

K Sind Sie sicher, daß keine Beziehung besteht, oder sagen Sie das nur?

L8 Ich glaube, ich bin sicher, daß es keine Beziehung im zersplitterten Zustand gibt, und ich finde, daß jede Antwort, die ich dem Schüler gebe, in sich selbst eine zersplitterte Antwort sein würde.

K Ja. Halten Sie hier inne. Was werden Sie dann tun? Welche Beziehung ich auch immer habe, sie ist zersplittert. Ist das eine Realität oder eine verbale Behauptung?

L8 Mir erscheint es als eine Realität.

K Entweder es ist real in dem Sinne, in dem das Mikrophon real ist; das ist keine Illusion. Das *Wort* Mikrophon ist nicht *die Sache*. Ich weiß nicht, ob Sie den Unterschied verstehen.

Wir müssen also zurückkommen. Was soll ich tun, Sir? Sagen *Sie* es mir.

L8 Täusche ich mich, wenn ich glaube, daß ich eine ganzheitliche Erziehung geben kann?

K Wir werden das herausfinden, Sie und ich, ob es möglich ist oder nicht. Die erste Behauptung ist: Wir sind zersplittert. Lassen Sie uns daran festhalten. Wir sind beide zersplittert, und ich weiß nicht, was ich tun soll. Was bedeutet das für Sie – ich weiß nicht; ich weiß nicht, was ich tun soll? Dann muß ich es untersuchen. Wenn ich *sage*, ich weiß es nicht, dann *meine* ich wirklich, ich weiß es nicht. Oder warte ich darauf, daß jemand anderes es mir sagt, damit ich es weiß? Was ist es?

L8 Im Augenblick das letztere.

K Kann das Gehirn in einem Zustand sein, in dem es sagt: Ich weiß es wirklich nicht? Ich erwarte nicht, daß einer mir antwortet, oder erwarte, daß ein anderer es mir sagen wird. Das alles sind Zustände des Wartens auf eine Antwort. Aber niemand kann das beantworten, denn alle sind zersplittert. Deshalb warte ich, beobachte, schaue, betrachte, horche auf die Frage. Ich weiß nicht, was ich tun soll. Dann frage ich mich: »In welchem Zustand befindet sich mein Gehirn, wenn es sagt: ›Ich weiß nicht‹?«

L5 Zu diesem Zeitpunkt funktioniert es nicht.

K »Ich weiß nicht.« Oder warten Sie darauf, daß es weiß?

L5 Ich warte darauf, daß es weiß.

K Deshalb warten Sie darauf zu wissen; Sie *werden* wissen. Deshalb sagt Ihr Gehirn nicht: »Ich weiß nicht.« Das ist alles ganz logisch, nicht wahr?

L3 Das Gehirn sagt nicht, daß es nicht weiß.

K Das ist es, das ist das erste – das Gehirn akzeptiert niemals oder verbleibt niemals in dem Zustand des »Ich weiß nicht«. Sie fragen mich: »Was ist Ishvara?«, und ich antworte sogleich. Sie haben etwas gelesen oder Sie glauben oder Sie glauben nicht; Ishvara erscheint Ihnen als ein Symbol. Wenn Sie aber fragen: »Was ist das Element, das dies geschaffen hat?«, dann ist das eine ungeheuer interessante Frage: Was ist Leben? Was ist der Anfang des Lebens? Was ist das Leben in dem Samenkorn, das Sie pflanzen? Das Leben des Menschen – was ist der Ursprung dieses Lebens, die eigentliche Zelle? Ich werde darauf jetzt nicht eingehen – das führt uns zu etwas anderem, es ist zu kompliziert.

Also, ich weiß nicht, was ich mit dem Jungen oder mit mir selbst anfangen soll. All mein Handeln, jede Bewegung des Denkens kommt immer aus dieser Zersplitterung, nicht wahr? So lasse ich es sein. Darf ich fortfahren?

L6 Bitte, Sir.

K Was ist Liebe? Hat sie eine Beziehung zu Haß? Wenn sie eine Beziehung dazu hat, dann ist Liebe noch immer Zersplitterung. Verstehen Sie, was ich sage, Sir?

L6 Liebe ist nicht das Gegenteil von Haß.

K Was ist Liebe? Sie hat nichts mit Mitleid, Anteilnahme zu tun – und mit allem übrigen. Was ist Liebe? Sie wissen es nicht. Ist dieser Zustand des Nicht-Wissens Liebe?

Ich weiß nicht, was ich mit diesem Jungen oder Mädchen tun soll; wir sind beide zersplittert. Ich kann ihm Mathematik, Geographie, Geschichte, Biologie, Chemie, Psychiatrie, alles beibringen – aber das ist nichts. Das erfordert ein viel tieferes Fragen, viel, viel tiefer. So sage ich, was ist das, was vollkommen ganzheitlich ist? Sicher nicht Denken – Denken ist Erfahrung. Es ist sicherlich nicht Mitleid, nicht Großzügigkeit, nicht Mitgefühl, nicht zu sagen: »Du bist ein netter Kerl.« Liebe hat – was?

L5 Mit-Gefühl.

K Liebe, Mit-Gefühl – das ist das einzige, was ganzheitlich ist. Ich entdecke gerade etwas selbst, ich sage, Liebe ist nicht Denken, Liebe ist nicht Genuß. Akzeptieren Sie das nicht; um Gottes willen, das ist das Letzte, was Sie tun sollen. Liebe ist ohne jede Beziehung zu Haß, Eifersucht, Zorn – zu all dem. Liebe ist gänzlich unzerstörbar. Sie ist ganz, und sie hat ihre eigene Intelligenz.

L5 Ich habe Sie das schon früher auf verschiedene Weise sagen hören.

K Kennen. Können Sie jemals über einen Menschen sagen: »Ich kenne ihn?« Ich kenne meine Frau?

L3 Man schaltet diese Person damit irgendwie aus.

K Ja. Wenn ich sage: »Ich kenne dich« – was kenne ich von dir? Deshalb ist zu sagen, »Ich kenne« Zersplitterung.
Sir, ich habe eine Frage gestellt, und zwar folgende: Kann ich dem Schüler helfen oder mit ihm sprechen? Ich weiß, ich bin zersplittert, er ist zersplittert. Und ich weiß auch, ich habe ein Gefühl dafür, daß Liebe etwas Ganzes ist, daß Mit-Gefühl, Liebe, ihre eigene Intelligenz haben. Ich werde feststellen, ob diese Intelligenz sich auswirken kann.

L6 Sie sagen, daß Liebe ihre eigene Intelligenz besitzt, Sie sagen, daß Liebe ganzheitlich ist, sie ist nicht zersplittert. Ist das nicht nur eine Vermutung?

K Es ist keine Vermutung. Liebe ist keine Vermutung – mein Gott!

L6 Vielleicht ist es das, weil ich es nicht weiß.

K Bleiben Sie dabei. Sie wissen es nicht. Warten Sie, finden Sie es heraus; antworten Sie nicht. Ich weiß nicht, wie das Innere eines neuen Autos aussieht. (Ich habe übrigens alte Autos auseinandergenommen.) Ich will also etwas darüber lernen. Ich gehe zu einem Mechaniker, und er bringt es mir bei, denn ich will wissen, wie es funktioniert. Ich mache mir die Mühe, ich strenge mich an, ich bezahle ihn, wenn ich das Geld habe, oder ich arbeite mit ihm, bis ich jedes einzelne Teil dieses Autos kenne. Das heißt, ich wünsche zu lernen, aber ich bin nicht sicher, ob *Sie* lernen wollen.

L2 Aber Krishnaji, gerade dieser bloße Wunsch zu lernen...

K Geraten Sie nicht ins Zersplittern.

Ich weiß nicht, wie diese Kameras funktionieren, und Sie sagen, lernen Sie etwas darüber. Ich frage ihn, und ich werde sein Lehrling; ich beobachte, wie er es macht; ich lerne daraus. Dann sage ich: Ich weiß, wie man diese Kamera bedient. Aber Menschen sind nicht wie Kameras; sie sind viel komplizierter. Sie sind wie eine vertrackte Maschine; und ich möchte wissen, wie ihr Gehirn funktioniert. Entweder werde ich Biologe, Gehirnspezialist, oder ich studiere mich selbst, was viel aufregender ist. So lerne ich, wie mein Gehirn funktioniert – niemand ist da, der es mir beibringt.

L2 Vielleicht doch – ich höre Ihnen zu.

K Ich traue Ihnen nicht. Ihr ganzes Wissen stammt aus Büchern oder von Ihren kleinen Ichs. Also sage ich, ich werde diese ganze Lebensweise untersuchen, nicht nur Teile davon.

So lassen Sie uns zurückgehen: Was soll ich tun oder nicht tun? Die Frage geht viel tiefer als nur um den Jungen oder das Mädchen, das ich erziehe. Es wäre möglich, daß ich nicht wirklich verstanden habe, was es bedeutet, ein ganzheitliches Leben zu führen, noch nicht einmal intellektuell verstanden.

L2 Wenn Sie meinen, intellektuell, würde ich sagen, ja.

K Nein, nein, nein. Sind Sie sicher?

L2 Ich bin sicher – intellektuell.

K Also haben Sie den Intellekt vom Ganzen getrennt. Sir, hören Sie; wenn Sie sagen, Sie haben intellektuell verstanden, bedeutet das nur Bahnhof.

L2 Ich *sage* es nicht nur; ich habe es intellektuell *verstanden*.

K Ich sage: Sie, Sie hören nicht zu. Wenn jemand sagt, ich habe intellektuell verstanden, bedeutet das absolut nichts; wenn Sie sagen »intellektuell«, dann ist das wieder ein Fragment.

L2 Ja, Sir.

K Also gebrauche ich nicht die Worte »Ich verstehe intellektuell«. Das ist ein Verbrechen! Was soll ich, ein Erzieher in Rishi Valley, der partiell, verbal, eine ganzheitliche Lebensweise versteht und weiß, daß der Schüler und ich beide zersplittert sind – was soll ich tun oder nicht tun? Hören Sie mir zu?

Ich bin hier, ich bin den Eltern gegenüber verantwortlich für dieses Mädchen oder diesen Jungen. Man hat sie hierhergeschickt, weil Sie einen guten Ruf haben, weil Sie sich um sie kümmern und das alles. Er kommt her und sagt zu mir: Das ist in Ordnung, aber worauf es ankommt, ist eine ganzheitliche Lebensweise, nicht intellektuell, sondern der ganzen Psyche, des ganzen Wesens, das jetzt zersplittert ist; wenn das ganz gemacht werden kann, dann haben Sie die hervorragendste Erziehung. Das sagt er zu mir, und er geht fort, und ich weiß nicht, was ich tun soll. Ich verstehe die verbale Bedeutung von *ganz*: nicht zersplittert, nicht zerbrochen, nicht das eine sagen, eines denken und ganz das Gegenteil davon tun – das alles ist eine Zersplitterung des Lebens. Und ich weiß nicht, was ich tun soll; ich weiß es wirklich nicht. Zutiefst, zutiefst, im Innersten, allen Ernstes weiß ich nicht, was ich tun soll. Warte ich auf jemanden oder ein Buch, das es mir sagt, oder hoffe ich, daß zufällig etwas daherkommt und mir, glücklicherweise, »Einsicht« bringt? Ich kann darauf nicht warten, denn der Junge wächst heran und hängt nur herum.

Was also soll ich tun? Eines weiß ich mit absoluter Sicherheit: *Ich weiß es nicht*. Meine ganzen Erfindungen, mein ganzes Denken sind zusammengestürzt. Ich weiß nicht, ob Sie das so empfinden. *Ich weiß es nicht* – also ist das Gehirn aufnahmebereit. Das Gehirn war verschlossen durch Schlußfolgerungen, durch Meinung, durch Urteil, durch meine Probleme; es ist ein geschlossenes Ding. Wenn ich sage, *ich weiß es wirklich nicht*, dann habe ich etwas aufgebrochen; ich habe die Flasche aufgebrochen – ich kann den Champagner trinken.

Ich beginne zu entdecken – wenn die Flasche aufgebrochen ist. Dann entdecke ich, was Liebe ist, was Mit-Gefühl ist, und die Intelligenz, die aus Mit-Gefühl geboren ist. Das hat nichts mit dem Intellekt zu tun.

Sir, wir kommen nie zu dem Punkt, an dem wir sagen: Ich weiß nicht. Nicht wahr? Sie fragen mich nach Gott, ich habe sofort eine Antwort. Sie fragen mich über Chemie, schon kommt die Antwort – der Hahn ist offen.

Sehen Sie, ich bin einer von diesen Idioten, Sir; hab nichts gelesen, außer...

L2 Und denkt auch nicht.

K Das Gehirn ist wie eine Trommel; sie ist gestimmt. Wenn Sie sie schlagen, dann ertönt die richtige Note.

Diskussion mit Lehrern
17. Dezember 1985

Erster Lehrer (L1): Ist ein neuer Geist das gleiche wie ein guter Geist, ein Geist, der sich in Güte entfaltet? Wenn das so ist, was ist Güte? Und insbesondere, wie verhält sich ein neuer Geist zu einem Bewußtsein der Ganzheit des Lebens? Was ist die Ganzheit des Lebens? Können wir uns damit eingehend befassen?

Krishnamurti (K): Ich möchte wissen, wie Sie das Leben betrachten. Was halten Sie für den Ursprung des Lebens, den Anfang allen Seins? Nicht nur der Menschen, sondern auch der ganzen Welt, der Natur, des Himmels und der Sterne? Was ist Schöpfung?

Wir fragen nicht, was Erfindung ist. Erfindung basiert auf Wissen. Mehr und mehr zu erfinden, das basiert naturgemäß auf Wissen. Und was ist unser Leben in Beziehung zu diesem Ganzen? Nicht in Beziehung zu einem besonderen, spezialisierten Gehirn, sondern in Beziehung zur ganzen Welt, die eine totale Bewegung ist, in die wir selbst, in welche die ganze Menschheit einbezogen ist?

Dies würde ich gern als erstes mit Ihnen diskutieren. Ferner, besteht ein Unterschied zwischen unserem physischen Gehirn – dem biologischen Etwas, das innerhalb unseres Schädels ist – und dem Geist? Enthält das Gehirn den Geist oder ist der Geist etwas ganz anderes als das Gehirn? Und die dritte Frage oder Bewegung – ich möchte es lieber als eine Bewegung verstehen, nicht als Frage –, was würden Sie Güte nennen, das Erblühen in Güte? Nicht statische Güte, sondern eine Bewegung in Güte?

L1 Was ist Leben?

K Ja, was ist Leben? Nicht Leben in einer spezifischen Form wie der Affe, der Tiger, das Eichhorn, der Baum, all das. Was ist der Anfang des Lebens?

Und die andere Frage: Enthält das Gehirn den Geist, oder ist der Geist vollkommen getrennt vom Gehirn? Wenn das Gehirn den Geist enthält, dann ist Geist ein Teil der Materie – nicht wahr? –, Teil der nervlichen Reaktionen, ein physisches Phänomen. Und Geist ist sicherlich etwas vollkommen anderes.

Wenn also das Gehirn den Geist enthält, dann ist er Teil unserer nervlichen, biologischen Reaktionen der Angst, des Kummers, Schmerzes, Vergnügens, des gesamten Bewußtseins. Dann ist er etwas von Menschen Geschaffenes. Wenn der Geist Teil eines evolutionären Prozesses ist, dann ist er ein Teil der Zeit.

L2 Darf ich eine Frage stellen?

K Sir, Sie brauchen mich nicht zu fragen.

L2 Angenommen, wir stellen mit Hilfe der Logik fest, daß der Geist etwas anderes ist als das Gehirn; die Logik ist aber selbst eine Funktion des Gehirns?

K Natürlich ist die Logik eine Funktion des Gehirns, und die Logik kann zu einem falschen Schluß kommen, eben weil sie eine Funktion des Gehirns ist.

Was also ist Leben? Was ist die Quelle all dieser Energie? Was ist dieses Etwas, das hervorbricht und dies alles erschafft – die Welt, die Erde, die Berge, die Flüsse, die Wälder, die Bäume, den Bären, das Reh, den Löwen, den Affen, das Äffchen und uns?

Hat Zeit etwas mit Güte zu tun? Wenn Zeit etwas mit Güte zu tun hat, dann ist es nicht Güte. Bitte antworten Sie mir. Verstehen Sie meine Frage?

L3 Sir, zunächst scheint keine Verbindung zwischen den beiden zu bestehen. Wenn die Wissenschaftler über den Ursprung der Dinge sprechen, dann ist, glaube ich, die allgemein anerkannte Theorie, daß es den »Big Bang« gab, eine ungeheure Explosion, die vermutlich aus einer Ur-Energie hervorging, die vielleicht aus einem unendlich kleinen Atom entstand. Und danach kam die ganze Vielfalt der Dinge, die Sterne, die Planeten, die Erde. Auf den ersten Blick scheint es keine Verbindung zwischen dieser wissenschaftlichen Erklärung und der Güte zu geben.

K Sir, meine Frage ist: Hat Güte etwas mit Zeit zu tun?

L3 In der Entwicklung der Dinge ist sicherlich Zeit im Spiel. Das ist offensichtlich.

K Ist Güte etwas an Zeit Gebundenes, das mittels Zeit gepflegt und hervorgebracht wird?

L3 Wenn man den Ursprung der Dinge vom wissenschaftlichen Standpunkt aus betrachtet, dann scheint es, als ob Güte überhaupt nichts damit zu tun hat. Er scheint vollkommen neutral zu sein – nicht gut, nicht böse, nichts.

K Das verstehe ich, aber ich stelle Ihnen eine Frage – keine wissenschaftliche Frage. Die Frage ist: Wenn Zeit etwas mit dem Pflegen der Güte zu tun hat, ist das dann überhaupt Güte?

L3 Das scheint eine ganz andere Frage zu sein.

K Ich stelle Ihnen eine andere Frage. Was ist Güte? Was verstehen Sie alle unter Güte?

L3 Es gibt eine Version von Güte, die gewöhnlich als Gegensatz zum Schlechten oder Bösen verstanden wird...

K Ja, diese ganze Sache mit der Dualität. Fahren Sie fort, Sir. Was ist hier Güte? Was halten Sie für Güte?

L4 Tugend kann in der Zeit ausgeübt werden.

K Ich spreche nicht über Tugend. Ich sehe Tugend als etwas, das gezüchtet wird.

L5 Sir, wenn wir sagen, er ist ein guter Mensch, meinen wir gewöhnlich damit, daß er anderen nichts Böses zufügt. Er handelt nicht immer nur aus Eigeninteresse, Gewinnsucht. Es ist eine Eigenschaft, die sich in der Zeit entwickelt.

K Wirklich? Ist Güte das Gegenteil von Schlechtigkeit – falls ein solches Wort existiert? Ist Gut das Gegenteil von Böse?

L5 Sir, was Sie mit dieser Frage meinen, ist: Ist Güte eine Reaktion auf das Böse, die im Verlauf der Zeit stärker geworden ist?

K Ja, das alles ist in dieser Frage enthalten. Die Reaktion, die Erziehung, die Kultur, die Umwelt eines Menschen; das alles ist Tradition – was Sie in Büchern lesen und so weiter. Immer das Gute und das Böse. Das Gute bekämpft immer das Böse, angefangen mit den alten Ägyptern bis hin zur modernen Gesellschaft. Immer war es das Gute und das Böse, der gute Gott und der böse Gott, der böse Mann und der gute Mann.
Ich erlaube mir zu sagen, wenn das Gute aus dem Bösen geboren ist, dann ist es nicht gut.

L3 Gewöhnlich sieht man es umgekehrt – daß das Böse ein Abfallen vom Guten ist.

K Sir, ich frage Sie: Ist das Gute verwandt mit dem Bösen? Ist gut das Gegenteil von böse oder die Reaktion, die zum Guten geworden ist? Verstehen Sie meine Frage? Oder hat Gut nichts damit zu tun, ist vollkommen getrennt vom Bösen?

L5 Sir, ich könnte zwar die erste Frage beantworten, ich bin aber nicht imstande, die zweite zu beantworten. Die erste Frage ist: Ist das Gute mit dem Bösen verwandt? Ich würde sagen, nein, denn wenn ich versuche, gut zu sein, existiert automatisch das Böse weiter.

K Sir, wollen Sie sagen, daß die Ideen des ganzen Evolutionsprozesses des Guten und des Bösen seit uralten Zeiten vollkommen falsch sind? Das sagen wir nämlich. Verstehen Sie? Kommen Sie schon, Sir!

L5 Ja, das ist darunter zu verstehen.

K Daß das Gute das Böse nicht bekämpfen kann. Ja? Und durch die ganze Menschheitsgeschichte hindurch bekämpft das Gute immer das Böse. Große Gemälde, große Kunst, die gesamte menschliche Existenz basiert auf diesem Prinzip. Und Sie und ich, wir kommen daher und sagen: »Schau, da stimmt etwas nicht. Das Gute ist vollkommen verschieden vom Bösen; es gibt keine Beziehung zwischen diesen beiden; deshalb können sie nicht miteinander kämpfen. Das Gute kann das Böse nicht überwinden.«

L3 Es gibt auch keinen Fortschritt.

K Sagen wir etwas vollkommen Revolutionäres? Oder entspringt es nur unserer Phantasie oder Einbildung?

L6 Eines der Probleme, denen wir uns gegenübersehen, ist, daß wir uns daran gewöhnt haben, bestimmte Worte auf eine bestimmte Art und Weise zu gebrauchen.

K Unsere ganze religiöse Konditionierung, unsere gesamte religiöse Literatur ist voll davon. Da sind immer Hölle und Himmel, Gut und Böse.
Sagen wir also etwas vollkommen Revolutionäres? Und ist es wahr? Etwas Revolutionäres braucht nicht wahr zu sein. Wenn es wahr ist, dann hat es nichts mit dem Gehirn zu tun.

L1 Das scheint zu bedeuten, daß Güte bereits vor dem Menschen existiert hat. Das würde heißen, daß Güte dem Universum innewohnt.

K Möglicherweise.

L1 Das scheint es zu bedeuten.

K Wir fragen dies im Zusammenhang mit der Frage: Was ist das Gehirn? Was ist der Geist? Kann der Geist das Gehirn durchdringen?

L1 Das würde wiederum bedeuten, daß der Geist vor dem Gehirn existiert hat.

K Natürlich. Lassen Sie uns das vorläufig einmal »Intelligenz« nennen. Kann diese Intelligenz sich durch das Gehirn mitteilen? Oder kann das Gehirn durchaus keine Beziehung zu dieser Intelligenz haben?

L7 Ist das Gehirn aus dieser Intelligenz entstanden?

K Auf diese Frage möchte ich noch nicht eingehen. Ich stelle Ihnen die
Frage. Hören Sie nicht auf mich, Sir. Ich sage Ihnen nichts; Sie und
ich fragen gemeinsam.

L1 Ich will keine Antwort haben.

K Finden Sie es für sich selbst heraus? Oder hören Sie auf den Mann?
Oder macht das, was der Sprecher sagt, den Weg für Sie frei, so daß
Sie sehen können?

L1 Diese Frage scheint unseren Blick auf das Universum zu lenken.
Oder auf die Natur.

K Darauf wollen wir hinaus. Langsam. Ist das Universum – unsere
Idee vom Universum – verschieden von uns? Alles ist eine einzige
Bewegung – die Sterne, der Himmel, der Mond, die Sonne; eine einzige ungeheure Energie. Unsere Energie ist sehr begrenzt. Kann
diese Begrenztheit durchbrochen werden, und können wir ein Teil
dieser ungeheuren Bewegung des Lebens sein?

L1 Würden Sie diese ungeheure Bewegung als »Natur« bezeichnen?

K Nein, ich würde sie nicht als Natur bezeichnen. Die Natur ist ein Teil
von uns.

L1 Diese totale Bewegung.

K Gibt es eine solche Bewegung? Nicht: »Ich schließe mich der Bewegung an«, denn ich bin nur ein kleines Stäubchen. Ich halte mich für
sehr clever; ich denke, ich kann dies tun, jenes tun. Kann das alles
durchbrochen werden und Teil dieser ungeheuren Bewegung sein?
Ich nenne das Güte. Ich mag mich irren. Das Fenster, das nun so
schmal ist, muß aufgebrochen werden, und dann – überhaupt kein
Fenster mehr. Ich weiß nicht, ob ich mich richtig ausdrücke.
Was ist dann also Leben? Ist es diese unermeßliche Intelligenz, diese
äußerste Energie, unkonditioniert, ungebildet – im Sinne des modernen Begriffs – etwas, das keinen Anfang und kein Ende hat?

L5 Meinen Sie damit, daß Schöpfung nichts mit Zeit zu tun hat?

K Erfindung hat mit Zeit zu tun. Nun versucht man, ein Mittel gegen
Krebs zu finden. Alle Bücher, Zeitschriften berichten über neue Methoden, Krebs zu heilen. Die Entdeckung braucht Zeit und Wissen,
das auf dem aufbaut, was ein anderer früher entdeckt hat. Ich lerne
von Ihnen, Sie lernen von ihm. Schöpfung kann nichts mit Zeit zu
tun haben. Ich weiß nicht, ob Sie das verstehen.

L8 Wenn Sie über Zeit sprechen, meinen Sie psychologische Zeit.

K Natürlich, psychologische Zeit.
Güte ist also nicht von Zeit berührt, deshalb ist sie Teil jener Intelli-

genz, die universale Bewegung ist. Ich gebrauche Worte, die ich vielleicht später zurücknehmen werde.

Hier bin ich nun also mit tausend Schülern. Als guter Erzieher liegt mir daran, daß sie das alles verstehen. Nicht intellektuell, nicht theoretisch, nicht als eine phantastische Idee, sondern so, daß eine wirkliche Transformation – nein, keine Transformation –, so, daß eine wirkliche Mutation in ihrem Leben stattfindet.

L1 Wenn Sie sagen »unermeßliche Intelligenz«, dann beinhaltet das Wort »Intelligenz« eine Qualität des Bewußtseins.

K Oder auch nicht.

L1 Aber was ist dann die Qualität dieser Intelligenz?

K Wahrscheinlich hat sie keine eigene Qualität. Sie ist Intelligenz. Sehen Sie, was Sie tun? Sie verleihen ihr eine Tugend, eine Bedeutung, damit Sie sie verstehen können. Ich bin vielleicht nicht fähig, sie zu verstehen. Ich weiß es nicht. Es könnte etwas Unglaubliches sein, oder es könnte nichts sein. Ich kann mich dem nicht mit einem Geist nähern, der sagt: Zeig mir deine Qualifikationen, deinen Titel. Was soll ich also nach einer Lehrerkonferenz tun? Was soll ich als Erzieher tun, um eine Mutation herbeizuführen? Keine Transformation, das ist etwas anderes: Transformation bedeutet von einem zum anderen, von diesem zu jenem.

L9 Sir, können wir auf etwas anderes zurückkommen, das wir vorhin übersprungen haben? Wir sprachen über das Enden der Begrenztheit, in der wir gefangen sind; daß sie endet und etwas anderes geschieht. Können wir darauf zurückkommen? Da scheint nämlich etwas zu sein, über das wir schnell hinweggegangen sind.

K Mein Gehirn ist ausgebildet worden, es hat in der Tradition gelebt, sei es nun alte oder moderne Tradition, mein Gehirn ist beschädigt, informiert, geschlagen worden durch all die Konditionierung, die seit Jahrhunderten stattgefunden hat. Kann das durchbrochen werden? Ist das Ihre Frage? Sind Sie sicher?

L9 Ja. All diese Dinge, die es diesem Gehirn unmöglich machen, irgendeine Beziehung zur Güte zu haben.

K Fassen wir es in einem einzigen Wort zusammen: Bewußtsein. Können wir das?

L9 Ja.

K Oder »Begrenztheit« oder »Konditionierung«. Kann das alles durchbrochen werden? Nicht durch Zeit – das ist wichtig. Wenn ich Zeit dazu brauche, bin ich wieder in dem Kreislauf. Sehen Sie das?

L9 Ja, Sir.

K Also muß es durchbrochen werden. Augenblicklich. Nicht im Vergleich zur Zeit oder in Beziehung zur Zeit.

L10 Sie meinen nun wieder psychologische Zeit.

K Ja, natürlich. Psychologische Zeit ist etwas anderes als gewöhnliche Zeit. Ich weiß nicht, ob Sie das verstehen. Ja? Zeit nach der Uhr, Zeit nach der Sonne, Zeit, um eine physische Entfernung zu überbrücken. Wir kennen einander nicht, aber wenn wir einander oft begegnen, werden wir uns kennen. Oder wir kennen einander sofort. Es gibt also physikalische Zeit und psychologische Zeit. Wir sprechen über psychologische Zeit. Es braucht Zeit, bis eine Saat aufgeht, bis aus einem Kind ein Mann wird. Wir übertragen diese Art von Zeit auf die Psyche. Ich bin dies, aber ich will jenes werden; ich bin nicht mutig, aber gib mir Zeit, und ich werde es sein. Wir sprechen über Zeit im Bereich der Psyche.

L1 Kann die Begrenztheit des Bewußtseins durchbrochen werden?

K Das ist die Frage. Kann das begrenzte Gehirn – nämlich das Wissen – den ganzen Bereich der Psyche durchbrechen? Kann das Gehirn es durchbrechen – das begrenzte Gehirn? Wie hochentwickelt es auch sein mag, das Gehirn wird immer begrenzt sein.

L1 Durch sein Wissen.

K Es ist begrenzt durch seine physische Struktur, durch seine physische Umwelt, durch seine Tradition, durch Erziehung, Wissen, Schmerz, Furcht, Angst. Kann die Begrenztheit sich selbst durchbrechen?

L9 Oder kann irgend etwas anderes sie durchbrechen?

K Fangen Sie nicht damit an. Bleiben wir bei der einen Frage: Kann die Kleinheit des Gehirns ihre eigene Beschränktheit durchbrechen? Oder gibt es einen anderen Faktor, der es durchbrechen wird? Gott? Heiland? Vishnu? Es kann Gott erfinden und darauf warten, daß dieser es klärt. Mache ich mich verständlich? Sie beide haben diese Frage gestellt. Nachdem Sie die Frage gestellt haben, was ist der Zustand Ihres Gehirns? Die Frage ist wichtig, hat Gewicht, ist von großer Bedeutung. Sagen Sie mir, in welchem Zustand befindet sich Ihr Gehirn, nachdem Sie diese Frage gestellt haben? Es ist sehr wichtig, das herauszufinden.

L11 Es verläßt sich nicht auf Gott. Es ist nicht sicher.

K Sie haben eine Frage gestellt. Sie mag sehr wichtig sein oder sie mag überhaupt keine Bedeutung haben. So frage ich mich: Was ist der Zustand Ihres Gehirns, nachdem Sie diese Frage gestellt haben?

L11 Das erste, was sich in meinem Gehirn regte, nachdem ich diese Frage gehört habe – »Kann das beschränkte Gehirn seine eigene Beschränktheit durchbrechen« –, war: Ich bezweifle es, ich zweifle, ob das beschränkte Gehirn seine eigene Beschränktheit durchbrechen kann.

K Ihr Gehirn ist aktiv.

L11 Dann sagte es: »Ich weiß es nicht.«

K Aber trotzdem sagen Sie etwas. Ihr Gehirn ist noch immer aktiv, wenn es sagt: »Ich weiß es nicht, ich warte.«

L11 Sir, warum haben Sie gesagt, Sie warten?

K Das ist nebensächlich. Ihr Gehirn ist aktiv. Was geschieht also? Passen Sie auf, Sir. Einer von Ihnen stellt mir diese Frage. Wie nehme ich diese Frage auf? Wie interpretiere ich diese Frage? Wenn ich die Frage interpretiere, dann höre ich nicht auf sie. Höre ich also wirklich auf die Frage? Oder reagiere ich sofort, wenn die Frage gestellt wurde, und höre deshalb überhaupt nicht zu? Es ist eine verbale Kommunikation, und ich gehe darüber hinweg.

Höre ich also zu? Das impliziert eine bestimmte Art von Stillsein – eine Bewegung ohne Denken, ein Schauen ohne Denken. Was ist der Zustand Ihres Gehirns, wenn eine ernste Frage gestellt wird? Wenn Ihr Gehirn überhaupt aktiv ist, dann ist die Frage bedeutungslos. Mache ich mich verständlich?

Jemand stellt mir diese Frage. Das Wichtige ist, wie ich sie aufnehme, nicht die Antwort. Ich höre sehr aufmerksam zu. Die Frage lautet: »Kann das enge, konditionierte Gehirn seine Konditionierung durchbrechen?« Ich höre auf die Frage. Ich höre noch immer auf die Frage. Höre ich wirklich zu, oder sage ich nur, daß ich zuhöre? Wenn ich wirklich zuhöre, dann bewegt sich im Gehirn überhaupt nichts. Natürlich ist da eine nervliche Reaktion – das Hören durch das Ohr und so weiter. Doch, abgesehen von der verbalen Kommunikation ist keine andere Bewegung da. Ich höre noch immer zu – das ist der Durchbruch. Ich weiß nicht, ob Sie wissen, worüber ich rede.

L1 Weil das Gehirn nicht handelt.

K Übersetzen Sie es nicht. Ich weiß nicht, ob ich das klar gemacht habe – daß der eigentliche Zustand des Zuhörens der Zustand des Endens einer bestimmten Sache ist.

Nun, geschieht das? Wenn das Ihnen geschieht, wie kann ich als Erzieher erreichen, daß diese Schüler, für die ich verantwortlich bin, zuhören? Wie kann ich ihnen helfen, auf das zu hören, was ich zu sagen habe?

L6 Dabei gibt es eine Schwierigkeit. Wenn Sie selbst etwas erklären, dann scheint es klar zu sein. Aber morgen früh...

K Dann haben Sie nicht gehört. Sie haben das Zischen einer Kobra gehört, nicht wahr? Ich habe sie oft gehört, wenn ich hier allein gegangen bin. Ich habe sie auch gesehen. Und ich kenne jetzt eine Kobra. Auch morgen werde ich eine Kobra kennen. Das ist einfach eine Tatsache. Nicht wahr? Dazu bedarf es einer gewissen Sensibilität, Aufmerksamkeit, Wachheit. Wie kann ich, als Erzieher, der dies alles gehört hat, der es in sein Blut aufgesogen hat – es ist ja nicht so, als ob ich es gerade erst von Ihnen gehört und auf diese Weise gelernt hätte, das ist es nicht allein –, sondern nachdem ich all das gehört habe, wie kann ich erreichen, daß die Schüler mir zuhören? Sie erreichen, daß sie Ihnen beim Unterricht von Mathematik, Literatur, Biologie, Geschichte usw. zuhören. Angenommen, ich komme in eine Klasse und ich sage: »Bitte, setzt euch hin und hört zu.« Sie schauen alle aus dem Fenster, sie zupfen einander an den Haaren. Können sie in dieser geistigen Verfassung zuhören? Oder sage ich: »Seid mal zehn Minuten still«? Aber diese zehn Minuten gehen drauf im Kämpfen, das Gehirn sagt: »Ich muß zuhören, wer zum Teufel ist der denn, daß er verlangt, daß ich zuhöre?« Und dergleichen mehr. Wie also kann ich diese Schüler dazu bringen, sie dazu überreden, mir zuzuhören?

Sir, wie schaffen Sie es, daß Ihre – beinahe hätte ich gesagt »Opfer« – Ihnen zuhören? Der Patient sorgt sich ständig darum, daß er geheilt wird. Er hat eine bestimmte Krankheit, Manie und so weiter, er möchte frei davon sein. Sagen Sie ihm, was er tun soll, und er wird es tun. Hier ist das nicht der Fall. Wir sind alle gleichgestellt; hier ist kein Arzt, niemand, der Ihnen etwas vorschreibt. Wir alle sind in einem Zustand des Zuhörens, des Fragens. Wie überzeugen wir einen Menschen, auf einen anderen zu hören? Beantworten Sie diese Frage.

L5 Auf die eine oder die andere Art, Sir. Entweder unterhalte ich ihn oder ich zwinge ihn.

K Ja, ich will nichts dergleichen tun – ihn zwingen, mit ihm kämpfen oder ihn schlagen.

L5 Oder ihn unterhalten?

K Das ist alles das gleiche. Ich möchte, daß sie zuhören, so daß ihnen alles ins Blut geht. Also, wie gehen wir da vor, Sir?

L8 Muß ich ihnen nicht zuhören? Dem, was sie zu sagen haben?

K Sie haben sehr wenig zu sagen, Sir. Sie streiten, meckern, sagen: »Gib mir dies und das«, und so weiter.

Nun frage ich Sie als Erzieher: »Wie bringe ich sie dazu, daß sie wirklich auf das hören, was ich ihnen zu sagen habe?« Sehen Sie, wie lange es gedauert hat, bis wir einander zugehört haben? Sie sind willens zuzuhören, etwas herauszufinden. Sie denken, K hat etwas zu sagen, wir haben ihn hierher eingeladen. Deshalb findet bereits Kommunikation statt. Aber mit diesen Schülern ist es anders. Sie sind gezwungen, hierher zu kommen, ihre Eltern rühmen Rishi Valley. Sie kommen, nachdem sie die bittere Pille geschluckt haben, mit einer Zuckerschicht überzogen, natürlich. Und so geht es weiter. Hier, mit Ihnen, ist es anders. Sie wollen nichts tun, um sie zu überreden. Das ist wunderbar. Stellen Sie sich selbst diese Frage und sehen Sie, was Sie tun können.

L9 Sir, ich finde, es ist offensichtlich, daß wir diese Frage nicht beantworten können; und doch scheint dies das Wesentliche von allem zu sein, das wir zu tun beabsichtigen. Das ist eigentlich eine ganz gute Zusammenfassung dieser Konferenz.

K Ich verstehe, was Sie meinen.

L1 Vielleicht kommen wir hier zum Anfang zurück – daß es dazu eines Handelns bedarf, das kreativ ist.

K Nun haben Sie es gesagt. Lassen Sie es dabei bewenden. Beschäftigen Sie sich damit. Diese Kreativität ist nicht aus Wissen oder vorhergehender Erfahrung geboren. Merken Sie sich das. Wenn sie von Wissen Gebrauch macht, dann wird es Erfindung, nur eine neue Art, dasselbe zu tun.

Wir stellen eine sehr, sehr ernste Frage. Ich finde, es liegt vielleicht daran, daß wir alle so schrecklich informiert sind – über alles. Vielleicht sind wir so gebildet, daß es keinen Raum für irgend etwas Neues gibt; wir sind alle voll von Erinnerungen, Gedanken an Gewesenes. All das könnte ein Hindernis sein. Nun, fragen Sie nicht: »Wie kann ich das loswerden?« Dann kommen wir wieder auf dieselbe Sache zurück. Angenommen, Sie sagen zu mir, ich sei ein Lügner. Und ich gebe Ihnen all die Gründe an, weshalb ich gelogen habe – das ist wieder eine Lüge. Ich höre das Wort »Lüge«, und ich reagiere. Ich halte mich für einen ehrlichen Menschen. Ich bin es vielleicht nicht, ich denke aber, ich bin es. Das sind zwei verschiedene Dinge. Oder ich denke, ich bin ein wahrhaftiger Mensch, und es geschieht etwas, das mich unwahrhaftig sein läßt. Dieser Augenblick der Entdeckung – zu sehen, daß ich ein Lügner bin – ändert alles. Darauf will ich hinaus. Es verändert mich, so daß ich nicht länger unehrlich bin. Ich habe damit experimentiert. Es ist also möglich. Nein, noch nicht einmal das kann ich sagen.

Kann ich zuhören, wenn Sie mir sagen, ich sei ein Lügner, und nicht all die Gründe dafür anbringen? In diesem Akt des Zuhörens geschieht ein Durchbruch.

L3 Wenn diese Behauptung wahr ist, dann geschieht ein Durchbruch. Wenn ich kein Lügner bin, dann nicht.

K Nein, Sir. Das Wort »Lüge« genügt mir. Verstehen Sie? Ich weiß die Gründe, weshalb ich gelogen habe: ein wenig Feigheit. Ich habe gelogen, weil ich nicht will, daß jemand dies oder jenes entdeckt. Und wenn Sie mich einen Lügner nennen, dann sehe ich die wahre Tatsache, daß es so ist. Ich bringe nicht all die Gründe an, weshalb ich gelogen habe. Und Sie sagen zu mir: »Das sind Sie.« Und ich höre Ihnen zu, ohne zu sagen, ob Sie recht oder unrecht haben, ich errichte keine Schranke. In diesem einen Augenblick, in dem ich ohne Schranken zuhöre, geht die Sache weg. Etwas geschieht. Das ist das einzige Handeln, das Nichthandeln ist.

L3 Aber die Behauptung selbst könnte falsch sein.

K Könnte falsch sein. Aber richtig genug für mich, um zu sehen, daß etwas Wahres dran ist.

Nun, wo sind wir nach vier Tagen angelangt? Sind wir zusammen? Was haben Sie in sich aufgenommen? Und ist dieses Aufgenommene uns allen gemeinsam, oder versuchen wir, alle Schulen zu vereinigen – die nur Teile sind –, und versuchen, sie zusammenzubringen? Das heißt, daß sie immer getrennt sein werden. Oder ist da ein Gefühl, daß wir alle eins sind, so daß unsere Erziehung nicht auf amerikanischen, indischen oder englischen Voraussetzungen basiert?

Sind wir also nur eine Organisation, die liefert, was verlangt wird? Oder werden wir eine andere menschliche Qualität herbeiführen, eine andere menschliche Aktivität des Gehirns? Sind wir darin eins miteinander? Sind wir darin zusammen? Sind wir zusammen, so daß nichts uns auseinanderbrechen kann? Von dort aus kann ein Handeln stattfinden, das vollkommen anders ist.

Madras

Rede
1. Januar 1986

An einem Wochentag so viele Menschen zu sehen, scheint fast absurd, nicht wahr? Als wir das letzte Mal hier zusammenkamen – es war am Samstag –, sprachen wir darüber, was Liebe ist. Sie erinnern sich wohl daran, falls Sie hier waren. Wir werden nun gemeinsam – und ich meine, gemeinsam – in dieses ganze Problem eindringen; es ist sehr, sehr komplex. Wenn Sie nichts dagegen haben, dann müssen Sie denken – nicht nur zustimmen; Ihr Gehirn muß arbeiten, um es zu durchdenken. Wir werden uns also gemeinsam mit dem Problem befassen, was Liebe ist. *Gemeinsam*. Sie und ich, wir gehen einen Weg gemeinsam; Sie folgen nicht nur dem Sprecher; Sie sagen nicht: »Ja, das klingt gut, wie die Upanishaden und wie die Gita« und all diesen Unsinn.

Vor allem muß man zweifeln, skeptisch sein gegenüber seinen Erfahrungen, Überzeugungen, Gedanken. Zweifeln Sie. Stellen Sie Fragen – akzeptieren Sie nicht etwas aus irgendeinem Buch, auch nicht aus meinen Büchern; ich bin nur ein Passant, unwichtig. Und wir werden gemeinsam fragen, um zu sehen, was klar und was nicht klar ist. Gemeinsam prüfen, bezweifeln wir, akzeptieren wir niemals, was der Sprecher zu sagen hat. Dies ist keine Lektion, die anleiten, unterrichten, helfen soll; das wäre zu dumm. Wir haben diese Art Hilfe seit Generationen und Generationen bekommen, und wir sind das, was wir heute sind.

Wir müssen davon ausgehen, was wir jetzt sind, nicht, was wir in der Vergangenheit gewesen sind oder was wir in der Zukunft sein werden. Was wir in der Zukunft sein werden, ist, was wir jetzt sind. Unsere Habgier, unser Neid, unsere Eifersucht, unsere ganzen abergläubischen Vorstellungen, unser Bedürfnis, jemanden zu verehren – das ist, was wir jetzt sind.

So wandern wir gemeinsam einen sehr langen Weg – das erfordert Energie –, und wir wollen uns mit der Frage beschäftigen: Was ist Liebe? Um sehr tief, sehr gründlich in sie einzudringen, müssen wir auch fragen: Was ist Energie? Jede Bewegung, die Sie machen, basiert auf Energie. Während Sie dem Sprecher zuhören, verbrauchen Sie Energie. Ein Haus bauen, einen Baum pflanzen, eine Bewegung machen, sprechen, all das erfordert Energie. Der Ruf der Krähe, das Aufgehen und Untergehen der Sonne, all das ist Energie. Der Schrei des Säuglings, wenn er aus dem Mutterleib kommt, ist auch Energie. Geige spielen, sprechen, heiraten, Sex haben – alles auf Erden erfordert Energie.

Also beginnen wir damit: Was ist Energie? Dies ist eine Frage der Wissenschaftler. Und sie sagen: Energie ist Materie. Sie mag Materie sein, doch was kommt davor, was ist uranfängliche Energie? Was ist ihr Ursprung, die Quelle? Wer hat diese Energie geschaffen? Vorsicht! Sagen Sie nicht »Gott« und laufen damit davon! Ich akzeptiere Gott nicht; der Sprecher hat keinen Gott. Ist das in Ordnung?

Was also ist Energie? Wir fragen, wir akzeptieren nicht, was die Wissenschaftler zu sagen haben. Und wenn Sie können, machen Sie sich von allem los, was die alten Völker gesagt haben, lassen Sie es beiseite. Wir werden zusammen eine Reise unternehmen.

Ihr Gehirn, das Materie ist, ist die gesammelte Erfahrung von einer Million Jahren, und diese ganze Evolution bedeutet Energie. Und so frage ich mich – fragen Sie sich: Gibt es eine Energie, die nicht innerhalb des Bereichs des Wissens enthalten ist oder angeregt oder festgehalten wird, das heißt innerhalb des Bereichs des Denkens? Gibt es eine Energie, die nicht vom Denken geschaffen worden ist?

Denken gibt Ihnen gewaltige Energie: jeden Morgen um neun Uhr ins Büro zu gehen, Geld zu verdienen, ein besseres Haus zu erwerben. Das Denken an die Vergangenheit, das Denken an die Zukunft, das Planen für die Gegenwart gibt ungeheure Energie: Sie arbeiten wie verrückt, um ein reicher Mann zu werden. Das Denken erzeugt diese Energie. So müssen wir denn nach der eigentlichen Natur des Denkens fragen.

Das Denken hat diese Gesellschaft entworfen, die diese Welt in kommunistisch, sozialistisch, demokratisch, republikanisch aufgeteilt hat; die Wehrmacht, die Marine, die Luftwaffe – nicht nur zu Transportzwecken, sondern auch um zu töten. Das Denken ist also sehr wichtig in unserem Leben, denn ohne Denken können wir nichts tun; alles ist im Vorgang des Denkens enthalten.

Was also ist Denken? Finden Sie selbst die Lösung, hören Sie nicht auf mich. Der Sprecher hat darüber oft gesprochen, kommen Sie deshalb nicht auf seine Bücher zurück, sagen Sie nicht, das alles habe ich schon früher gehört. Vergessen Sie hier alle Bücher, alles, was Sie gelesen haben, denn wir müssen jedesmal von neuem an die Frage herangehen.

Denken basiert auf Wissen. Und wir haben ein enormes Wissen angesammelt: Wie wir einander verkaufen, wie wir einander ausbeuten, wie wir Götter und Tempel erschaffen und so weiter.

Ohne Erfahrung gibt es kein Wissen. Erfahrung – Wissen, das im Gehirn als Erinnerung aufbewahrt wird – ist der Anfang des Denkens. Erfahrung ist immer begrenzt, denn Sie fügen ihr mehr und mehr hinzu. Also ist Erfahrung begrenzt, Wissen ist begrenzt, Erinnerung ist begrenzt. Deshalb ist Denken begrenzt. Die Götter, die das Denken geschaffen hat – Ihre Götter, Ihr Denken –, werden immer begrenzt sein. Und von dieser Begrenztheit aus versuchen wir, die Quelle der Energie zu finden – verstehen Sie? Wir versuchen den Ursprung, den Anfang der Schöpfung zu finden.

Das Denken hat die Angst geschaffen. Nicht wahr? Haben Sie keine Angst davor, was später geschehen könnte – Ihren Job zu verlieren, Ihre Prüfungen nicht zu bestehen, die Erfolgsleiter nicht erklimmen zu können? Und Sie haben Angst, keine Erfüllung zu finden, nicht selbständig zu werden, nicht innerlich stark sein zu können. Sie sind immer von jemandem abhängig, und das erzeugt ungeheure Ängste.

Eine der alltäglichen Tatsachen unseres Lebens ist, daß wir ängstliche Menschen sind. Und Angst kommt auf, weil wir Sicherheit wollen. Angst zerstört die Liebe; Liebe kann nicht existieren, wo Angst herrscht. Angst allein ist eine gewaltige Energie. Und Liebe hat keine Beziehung zur Angst, beide sind vollkommen voneinander getrennt.

Was also ist der Ursprung der Angst? Dies alles in Frage zu stellen, heißt lebendig zu sein, das Wesen der Liebe zu verstehen. Das Denken hat die Angst erzeugt – das Denken an die Zukunft, die Vergangenheit, daran, sich nicht schnell an die Umwelt anpassen zu können, daran, was geschehen könnte: Meine Frau könnte mich verlassen oder könnte sterben; ich werde ein einsamer Mann sein; was werde ich dann tun? Ich habe mehrere Kinder; also sollte ich wieder jemanden heiraten; zumindest würde sie sich um meine Kinder kümmern – und so fort. Das ist das Denken an die Zukunft, das auf der Vergangenheit basiert. Also sind Denken und Zeit dabei im Spiel – das Denken an die Zukunft, die Zukunft, die morgen ist. Und das Denken daran verursacht Angst. Und so sind Zeit und Denken die zentralen Faktoren der Angst.

Also sind Zeit und Denken die wichtigsten Faktoren des Lebens. Zeit ist sowohl innen – ich bin dies, ich werde jenes sein – als auch außen. Und Zeit ist Denken; beides sind Bewegungen.

Was bedeuten dann Tod, Schmerz, Angst, Leiden, Einsamkeit, Verzweiflung, all diese schrecklichen Dinge, die ich durchgemacht habe? – All die Mühsal, die der Mensch durchmacht –, ist das unser ganzes Leben? Ich frage Sie: Ist das Ihr ganzes Leben?

Dies ist Ihr Leben. Ihr Bewußtsein, wenn Sie es recht aufmerksam prüfen, besteht aus seinem Inhalt: Was Sie denken, Ihre Tradition, Ihre Erziehung, Ihr Wissen, Ihre Zeit, Ihre Ängste, Ihre Einsamkeit. Das ist, was Sie sind. Es ist eine Tatsache, daß Ihr Leiden, Ihr Schmerz, Ihre Angst, Ihre Einsamkeit, Ihr Wissen von jedem Menschen geteilt werden. Jeder Mensch auf dieser Erde durchlebt Kummer, Schmerz, Angst, Streit, Schmeicheleien, dieses wollen und jenes nicht wollen. Sie sind also kein Individuum; Sie sind keine einzelne Seele, ein einzelnes *atman*. Ihr Bewußtsein, das heißt das, was Sie sind – nicht physisch, sondern psychisch, innerlich –, ist das Bewußtsein der Menschheit.

Wir versuchen herauszufinden, zu ergründen, was Leben ist. Wir sagen, daß, solange Angst irgendwelcher Art da ist, das andere nicht existieren kann. Wenn Bindung irgendwelcher Art da ist, kann das andere nicht existieren – das andere, das Liebe ist.

So werden wir sehen, wie die Welt ist, und fragen, was der Tod ist. Warum haben wir alle solche Angst vor dem Tod? Sie wissen, was es bedeutet zu sterben; haben Sie nicht gesehen, wie Dutzende von Menschen getötet oder verletzt worden sind? Haben Sie jemals ganz ernstlich die Frage gestellt, was der Tod ist? Das ist eine wichtige Frage, so wichtig wie die, was Leben ist. Wir haben gesagt, Leben ist dieser ganze Unsinn – Wissen, jeden Tag um neun Uhr ins Büro gehen und so weiter, kämpfen, dies nicht wollen, jenes wollen. Wir wissen, was Leben ist, aber wir haben nie ernsthaft gefragt, was Sterben ist.

Was ist Sterben? Es muß etwas Außerordentliches sein zu sterben. Alles wird Ihnen genommen: Ihre Bindungen, Ihr Geld, Ihre Frau, Ihre Kinder, Ihr Land, Ihr Aberglauben, Ihre Gurus, Ihre Götter.

Sie wünschen vielleicht, sie in die andere Welt mitzunehmen, aber das können Sie nicht. Da sagt der Tod: »Sei völlig ungebunden.« Das geschieht, wenn der Tod kommt: Sie haben keinen Menschen, an den Sie sich anlehnen können. *Nichts.* Sie können glauben, daß Sie wiedergeboren werden. Das ist eine sehr angenehme Idee, aber es ist keine Tatsache.

Wir versuchen herauszufinden, was es bedeutet zu sterben, während wir leben – nicht Selbstmord zu begehen; ich spreche nicht über solchen Unsinn. Ich will für mich selbst herausfinden, was es heißt zu sterben, das heißt: Kann ich vollkommen frei sein von allem, was der Mensch geschaffen hat, auch von mir selbst?

Was bedeutet es zu sterben? Alles aufzugeben. Der Tod trennt Sie mit einer sehr, sehr, sehr scharfen Klinge von Ihren Bindungen, von Ihren Göttern, von Ihrem Aberglauben, von Ihrem Bedürfnis nach Trost – dem nächsten Leben und so weiter. Ich werde herausfinden, was der Tod bedeutet, weil es ebenso wichtig ist wie Leben. Wie kann ich also herausfinden, tatsächlich, nicht theoretisch, was es bedeutet zu sterben? Ich will das wirklich herausfinden, so wie Sie es herausfinden wollen. Ich spreche für Sie, also schlafen Sie nicht ein. Was bedeutet es zu sterben? Stellen Sie sich selbst diese Frage. Solange wir jung sind oder wenn wir sehr alt sind, ist diese Frage immer da. Es heißt, vollkommen frei zu sein, vollkommen ungebunden an alles, was der Mensch gemacht hat oder was Sie aufgebaut haben – vollkommen frei. Keine Bindungen, keine Götter, keine Zukunft, keine Vergangenheit. Sie sehen nicht die Schönheit darin, die Größe, die außerordentliche Kraft darin – zu sterben, während wir leben. Verstehen Sie, was das bedeutet? Während Sie leben, sterben Sie in jedem Augenblick, so daß Sie das ganze Leben hindurch an *nichts* gebunden sind. Das ist, was Tod bedeutet.

Leben ist also Sterben. Verstehen Sie? Leben bedeutet, daß Sie jeden Tag alles aufgeben, an das Sie gebunden sind. Können Sie das tun? Eine ganz einfache Tatsache, doch sie hat ungeheure Auswirkungen. Nämlich, daß jeder Tag ein neuer Tag ist. Jeden Tag sterben Sie und werden geboren. Darin liegt eine ungeheure Vitalität, Energie, weil es nichts gibt, wovor Sie sich fürchten. Da ist nichts, das verletzen kann. Ein Verletztsein existiert nicht.

Alles, was der Mensch aufgebaut hat, muß restlos aufgegeben werden. Das ist, was es heißt zu sterben. Können Sie das tun? Werden Sie es versuchen? Werden Sie damit experimentieren? Nicht nur für einen Tag; jeden Tag. Nein, Sir, Sie können das nicht tun, Ihr Gehirn ist nicht geübt darin. Ihr Gehirn ist so stark konditioniert worden, durch Ihre Erziehung, durch Ihre Tradition, durch Ihre Bücher, durch Ihre Professoren. Es gilt herauszufinden, was Liebe ist. Liebe und Tod gehören zusammen. Der Tod sagt: Sei frei, ungebunden, du kannst nichts mit dir nehmen. Und die Liebe sagt, Liebe sagt – dafür gibt es kein Wort. Liebe kann nur existieren, wenn Freiheit da ist, nicht von Ihrer Frau, von einer neuen Freundin oder einem neuen Mann, sondern das Gefühl, die ungeheure Kraft, die Vitalität, die Energie vollkommener Freiheit.

Rede
4. Januar 1986

Werden Sie sich bitte an dem Gespräch, das er mit Ihnen führen möchte, beteiligen? Werden Sie dem nicht nur folgen, sondern gemeinsam daran teilnehmen, nicht nur darüber nachdenken oder unverbindlich zuhören? Gewisse Dinge müssen ganz klar sein. Dies ist kein Personenkult. Der Sprecher hat einen Abscheu vor all dem; wenn Sie ein Individuum persönlich verehren oder es zu einem Gott machen, widerspricht das allem, was er sagt. Wichtig ist nur, daß Sie dem zuhören, was er zu sagen hat, daran teilnehmen, nicht nur zuhören, sondern wirklich an dem, was er sagt, beteiligt sind.

Wir haben über das Leben gesprochen, die Kompliziertheit des Lebens, den Anfang des Lebens. Was ist Leben? Was ist der Ursprung all dessen – der wunderbaren Erde, des lieblichen Abends und der frühen Morgensonne, der Flüsse, der Täler, der Berge und der Herrlichkeit des Landes, das ausgeplündert wird? Wenn Sie sagen, der Ursprung all dessen ist »Gott«, dann ist es erledigt; dann können Sie ganz zufrieden fortgehen, denn Sie haben das Problem gelöst. Doch wenn Sie anfangen, wie Sie sollten, alle Götter, alle Gurus – ich gehöre nicht zu der Sorte – in Frage zu stellen, anzuzweifeln, wenn Sie anfangen, alles, was der Mensch sich durch eine lange Evolution durch den Verlauf der Geschichte hindurch aufgebaut hat, zu bezweifeln, dann stehen Sie vor der Frage: Was ist der Anfang? Was ist der Ursprung? Wie ist dies alles zustandegekommen? Ich hoffe, Sie stellen selbst diese Frage, hören Sie nicht nur auf den Sprecher, sondern beteiligen Sie sich, reißen Sie es in Stücke. Bitte, akzeptieren Sie nichts, was er sagt. Er ist nicht Ihr Guru; er ist nicht Ihr Führer; er ist nicht Ihr Helfer. Dies ist die Voraussetzung, das ist der Anfang dieses Gesprächs.

Dies ist ein sehr ernstes Gespräch, und solange Ihr Gehirn nicht wirklich aktiv ist, ist zu befürchten, daß Sie nicht imstande sein werden zu folgen. Es wäre zwecklos für Sie und für den Sprecher, vielen Worten zuzuhören; wenn wir aber zusammen eine sehr lange Reise machen, nicht im zeitlichen Sinne, nicht im Sinne von Glauben oder

Überzeugungen oder Theorien, sondern indem wir sehr gründlich unsere Art zu leben überprüfen, unsere Angst, Ungewißheit, Unsicherheit und alle Erfindungen, die der Mensch gemacht hat, einschließlich der außerordentlichen Computer: Wo stehen wir da am Ende von zwei Millionen Jahren? Wohin gehen wir, nicht, was eine Theorie oder ein miserables Buch sagt, wie heilig es auch sein mag, sondern wohin gehen wir alle? Und wo haben wir angefangen? Beides hängt zusammen, wohin wir gehen und wo wir angefangen haben. Der Anfang könnte das Ende sein. Stimmen Sie mir nicht zu. Finden Sie es heraus. Es gibt vielleicht keinen Anfang und kein Ende, und das werden wir gemeinsam untersuchen.

Seit Urzeiten bis zum heutigen Tag hat der Mensch stets in religiösen Begriffen gedacht. Was ist Religion? Der Mensch hat immer etwas gesucht, das höher ist als diese Welt. Die Menschen haben die Sterne verehrt, die Sonnen, die Monde und ihre eigenen Schöpfungen; ungeheure Anstrengung, Mühe, Energie wurden für antike Tempel, Moscheen und natürlich die Kirchen aufgewandt. Sie haben eine ungeheure Energie darauf verwandt. Was ist der menschliche Geist, der etwas jenseits dieser Welt gesucht hat, jenseits der täglichen Qualen, der Mühsal, Arbeit, in die Fabrik zu gehen, ins Büro, die Erfolgsleiter hinaufzuklettern, Geld zu verdienen, versuchen, die Menschen zu beeindrucken, versuchen, zu befehlen? Stimmen Sie dem zu? Es ist eine Tatsache, ob Sie dem nun zustimmen oder nicht. Sie alle suchen Macht in irgendeiner Form; sie wollen im Mittelpunkt stehen – in Delhi oder hier oder anderswo. Sie wollen dabeisein.

Wir fragen: Was ist Religion; was hat den Menschen bewogen, einem Tempel riesige Schätze zu geben; was hat ihn dazu bewogen? Was war die Energie, die für dies alles aufgewandt wurde? War es Angst? War es, um eine Belohnung vom Himmel zu erlangen, oder wie immer Sie es nennen wollen? War dieses Trachten nach Belohnung der Ursprung? Sie wünschen eine Belohnung; Sie wollen etwas dafür eintauschen; Sie beten dreimal oder fünfmal am Tag und hoffen, daß irgendein Wesen Ihnen etwas dafür geben wird, von einem Kühlschrank zu einem Auto bis zu einer besseren Frau oder einem besseren Mann, oder Sie warten auf Gnade, auf etwas, worauf Sie hoffen können, woran Sie sich festhalten können. Dies war die Geschichte aller Religionen. Gott und Geld gehen immer zusammen; die katholische Kirche hat ungeheure Schätze. Sie haben sie auch hier, in Ihren verschiedenen Tempeln, Puja und Kult und diese ganzen Trivialitäten; das alles ist wirklich Unsinn. Wir versuchen herauszufinden, was Religion ist, indem wir ganz, ganz tief in die Frage eindringen; es ist offensichtlich nicht diese ganze Geldrafferei. Wir fragen: Was ist das, was namenlos ist, das höchste Intelligenz ist, das keine Beziehung zu all unseren Gebeten, all unseren Göttern, Tempeln, Moscheen, Kirchen hat? Das alles ist von Menschen gemacht. Jeder intelligente Mensch muß das alles beiseite lassen und nicht zynisch werden, nicht bloß skeptisch werden, sondern sein Gehirn muß wirklich aktiv sein, alles in Frage stellen, nicht nur die äußere Welt. Haben wir ein solches Gehirn, das unsere eigenen Gedanken in Frage stellt, unser eigenes Bewußtsein, unsere Schmerzen, Leiden und alles übrige? Haben wir ein solches Gehirn?

An dieser Stelle müssen wir das Gehirn vom Geist unterscheiden. Das Gehirn ist das Zentrum aller unserer Nerven, unseres Wissens, all unserer Theorien, Meinungen, Vorurteile; all das Wissen vom College, von der Universität ist im Schädel angehäuft. Alle Gedanken, alle Ängste sind dort. Ist das Gehirn etwas anderes als der Geist? Wenn Sie ernstlich auf das aufpassen, was der Sprecher gefragt hat, gibt es einen Unterschied zwischen dem Gehirn, Ihrem Gehirn, das innerhalb des Schädels ist, mit all dem Wissen, das Sie gesammelt haben, nicht nur Sie, sondern Ihre Vorfahren und so weiter seit zwei Millionen Jahren, das alles ist da drinnen eingeschlossen – ist da ein Unterschied zwischen dem Gehirn und dem Geist? Das Gehirn wird immer limitiert sein. Stimmen Sie nicht zu; dies ist viel zu ernst. Und ist der Geist verschieden davon, von meinem Bewußtsein, von meinen täglichen Aktivitäten, von meinen Ängsten, Befürchtungen, Unsicherheiten, Kummer, Schmerz und all den Theorien, die der Mensch über alle Dinge zusammengetragen hat? Der Geist hat keine Beziehung zum Gehirn; er kann sich mit dem Gehirn in Verbindung setzen, doch das Gehirn kann sich ihm nicht mitteilen. Bitte stimmen Sie nicht zu, das ist das letzte, was Sie tun sollen. Der Sprecher sagt, das Gehirn ist der Hüter unseres ganzen Bewußtseins, unserer Gedanken, unserer Ängste und so weiter und so weiter. All die Götter, all die Theorien über Götter und die Ungläubigen, es ist alles dort. Niemand kann das bestreiten, es sei denn, er ist ein wenig sonderbar. Dieses Gehirn, das durch Wissen, durch Erfahrung, durch Tradition konditioniert ist, kann keinerlei

Verbindung mit dem Geist aufnehmen, der sich vollkommen außerhalb der Aktivität des Gehirns befindet. Dieser Geist kann sich dem Gehirn mitteilen, doch das Gehirn kann keine Verbindung zu ihm haben, weil das Gehirn sich unendlich viel vorstellen kann; das Gehirn kann sich das Namenlose vorstellen; das Gehirn kann alles tun. Der Geist ist zu unermeßlich, denn er gehört Ihnen nicht; es ist nicht Ihr Geist.

Wir werden – zusammen, bitte denken Sie daran, immer zusammen – nicht nur das Wesen der Religion untersuchen, sondern auch den Computer. Sie wissen, was der Computer ist? Er ist eine Maschine; er kann sich selbst programmieren. Er kann seinen eigenen Computer erzeugen; der Computervater hat seinen eigenen Computersohn, der besser ist als sein Vater. Sie brauchen das nicht zu akzeptieren, es ist bekannt; es ist kein Geheimnis, also beobachten Sie das genau. Dieser Computer kann fast alles tun, was der Mensch tun kann. Er kann alle Ihre Götter, alle Ihre Theorien, Ihre Rituale machen; er kann das sogar besser, als Sie es je können werden. Der Computer bringt es also zu etwas in der Welt; er wird Ihr Gehirn verändern. Sie haben von Gentechnologie gehört; man versucht, ob Ihnen das nun gefällt oder nicht, Ihr ganzes Verhalten zu verändern. Das ist Gentechnologie. Man versucht, Ihre Denkweise zu verändern.

Wenn sich Gentechnologie und der Computer zusammentun, was sind Sie dann? Was sind Sie dann, als Mensch? Ihre Gehirne werden verändert werden. Ihre Verhaltensweisen werden verändert. Man vermag vielleicht die Angst vollkommen abzuschaffen, den Kummer abzuschaffen, alle Ihre Götter abzuschaffen. Das werden sie tun; täuschen Sie sich nicht. Das alles wird entweder mit Krieg oder mit Tod enden. Dies ist, was tatsächlich in der Welt geschieht. Gentechnologie einerseits und der Computer andererseits, und wenn sie sich treffen, was sie unvermeidlich tun werden, was sind Sie dann als Mensch? Tatsächlich ist Ihr Gehirn jetzt eine Maschine. Sie sind in Indien geboren und sagen: »Ich bin Inder.« Sie sind darin eingeschlossen. Sie sind eine Maschine. Bitte fühlen Sie sich nicht beleidigt. Ich beleidige Sie nicht. Sie sind eine Maschine, die wie ein Computer etwas wiedergibt. Bilden Sie sich nicht ein, daß etwas Göttliches in Ihnen sei – das wäre schön –, etwas Heiliges, das ewig ist. Der Computer wird Ihnen das auch sagen. Was wird also aus einem menschlichen Wesen? Was wird aus Ihnen?

Wir müssen auch fragen – das ist ein sehr ernstes Thema, stimmen Sie nicht zu oder lehnen Sie ab, hören Sie nur zu –, was Schöpfung ist. Nicht die Schöpfung eines Säuglings, das ist sehr einfach, oder die Schöpfung von irgend etwas Neuem. Erfindung ist etwas ganz anderes als Schöpfung. Erfindung gründet sich auf Wissen. Die Techniker können das Düsenflugzeug verbessern; die Bewegung basiert auf Wissen, und die Erfindung basiert ebenfalls auf Wissen. Wir müssen also Erfindung von Schöpfung trennen. Dies erfordert all Ihre Energie, Ihre Fähigkeit des Durchdringens. Erfindung basiert im wesentlichen auf Wissen. Ich verbessere die Uhr; ich habe einen neuen Apparat. Alle Erfindung basiert auf Wissen, auf Erfahrung; Erfindungen sind zwangsläufig begrenzt, weil sie auf Wissen basieren. Da Wissen immer begrenzt ist, müssen auch Erfindungen immer begrenzt sein. In der Zukunft gibt es vielleicht keine Düsenflugzeuge, aber etwas anderes, das in zwei Stunden von Delhi nach Los Angeles fliegt; das ist eine Erfindung, die auf vorherigem Wissen basiert, das schrittweise verbessert wurde, aber das ist nicht Schöpfung.

Was also ist Schöpfung? Was also ist Leben? Leben im Baum, Leben in dem kleinen Grashalm – Leben, nicht, was die Wissenschaftler erfinden, sondern der Anfang des Lebens –, Leben, das, was *lebt*? Sie mögen es töten, aber es ist noch immer in etwas anderem da. Stimmen Sie nicht zu oder lehnen Sie ab, sondern verstehen Sie, daß wir den Ursprung des Lebens ergründen wollen. Wir fragen nach dem *Absoluten* – etwas wirklich Wunderbarem. Das ist keine Belohnung; Sie können es nicht mit nach Hause nehmen und davon Gebrauch machen.

Was ist für Sie Meditation? Was ist Meditation? Das Wort bedeutet in der Sprache des Wörterbuches: etwas überlegen, nachdenken und sich konzentrieren, lernen, sich zu konzentrieren, nicht das Gehirn umherwandern lassen. Nennen Sie das Meditation? Seien Sie einfach, seien Sie ehrlich. Was ist das? Jeden Tag zu einer bestimmten Zeit in ein Zimmer gehen und zehn Minuten oder eine halbe Stunde stillsitzen und meditieren? Ist Meditation Konzentration, das Nachdenken über etwas sehr Erhabenes? Jede bewußte Bemühung zu meditieren ist wie Ihre Disziplin im Büro, weil Sie sagen: Wenn ich meditiere, ist mein Geist ruhig, oder ich gehe in einen veränderten Zustand über. Das Wort Meditation bedeutet auch messen, und das bedeutet vergleichen. Meditation wird somit mechanisch, denn Sie brauchen Energie, um sich auf ein Bild, eine Vorstellung oder eine Idee zu konzentrieren, und diese Konzentration trennt, Konzentration ist immer etwas Trennendes; Sie wollen sich auf etwas konzentrieren, aber das Denken schweift ab; dann sagen Sie, du darfst nicht abschweifen, und Sie kommen zurück. Das wiederholen Sie den ganzen Tag oder eine halbe Stunde lang. Dann hören Sie auf und sagen, Sie haben meditiert. Diese Meditation wird von allen Gurus vertreten, von allen Laienschülern. Die christliche Idee ist:»Ich glaube an Gott, und ich gebe mich Gott hin; deshalb bete ich, um meine Seele zu retten.« Ist das alles Meditation? Ich kenne diese Art von Meditation nicht; sie ist wie eine Leistung; wenn ich eine halbe Stunde meditiere, fühle ich mich besser. Oder gibt es eine andere Art von Meditation? Akzeptieren Sie nichts, was der Sprecher sagt, um keinen Preis. Der Sprecher sagt, das ist überhaupt keine Meditation. Das ist nur ein Leistungsprozeß. Wenn Sie sich an einem Tag nicht konzentrieren konnten, dann machen Sie es einen Monat und sagen:»Ja, jetzt kann ich es.« Das ist, wie wenn ein Angestellter Manager wird. Gibt es nun eine andere Art von Meditation, die mühelos ist, die kein Messen ist, die nicht Routine ist, die nicht mechanisch ist? Gibt es eine Meditation, in der es kein Vergleichen gibt oder in der keine Belohnung oder Strafe ist? Gibt es eine Meditation, die nicht auf dem Denken basiert, das Messen, Zeit und das alles ist?

Wie kann man eine Meditation erklären, die kein Messen kennt, die keine Leistung kennt, die nicht sagt:»Ich bin dies, aber ich will jenes werden?«»Jenes«, nämlich Gott oder ein Superengel zu sein. Gibt es eine Meditation, die nichts mit dem Willen zu tun hat – eine Energie, die sagt:»Ich muß meditieren«? Gibt es eine Meditation, die gar nichts mit Bemühung zu tun hat? Der Sprecher sagt, es gibt sie. Sie brauchen das nicht zu akzeptieren. Vielleicht redet er Unsinn, aber er versteht logisch, daß die übliche Meditation Selbsthypnose ist, Selbsttäuschung. Und wenn Sie aufhören, sich zu täuschen, den ganzen mechanischen Prozeß beenden, gibt es dann eine andere Art von Meditation? Und leider sagt der Sprecher: Ja. Aber Sie können nicht durch Bemühung dorthin gelangen, indem Sie Ihre ganze Energie auf etwas verwenden. Es ist etwas, das *absolut still* sein muß. Vor allem, beginnen Sie ganz bescheiden, ganz, ganz bescheiden und deshalb ganz sachte, und deshalb kein Drängen, Antreiben, kein Sagen:»Ich muß das tun.« Es erfordert ein außerordentliches Gefühl, nicht nur des Alleinseins, sondern ein Gefühl für – ich darf es Ihnen nicht beschreiben. Ich darf es nicht beschreiben, denn dann verlassen Sie sich auf Beschreibungen. Wenn ich es beschreibe, dann ist die Beschreibung nicht das Wirkliche. Die Beschreibung des Mondes ist nicht der Mond, und ein Gemälde des Himalaya ist nicht der Himalaya. Hören wir also auf, es zu beschreiben. Es ist Ihnen überlassen, damit zu spielen oder nicht damit zu spielen, Ihren eigenen Weg zu gehen mit Ihren eigenen seltsamen Leistungen durch Meditation, mit Belohnung und allem übrigen. In der Meditation aber, die absolut ohne Mühe, ohne Leistung, ohne Denken ist, ist das Gehirn still; nicht still gemacht mit dem Willen, mit Absicht, durch Entscheidung und all den Unsinn; es ist still. Und indem es still ist, hat es unendlichen Raum. Warten Sie, daß ich es erkläre? Und Sie werden sich auf das verlassen, was ich erkläre? Was sind Sie nur für Menschen?

Nun, ist Ihr Gehirn jemals still? Ich frage Sie. Ihr Gehirn denkt, fürchtet, denkt an Ihre Arbeit im Büro, an Ihre Familie, was sie tun werden, Ihre Söhne, Ihre Töchter; denken, das heißt Zeit und Denken. Ist Ihr Gehirn jemals *still*? Nicht still gemacht durch Drogen, Whiskey und verschiedene Arten, sich zu betäuben. Sie betäuben sich, wenn Sie glauben. Sie betäuben sich und sagen: »Ja, das ist vollkommen richtig, der Buddha hat das gesagt, deshalb muß es richtig sein.« Sie betäuben sich ständig; deshalb haben Sie nicht die Energie, die man braucht, um zu etwas Unermeßlichem vorzustoßen.

Kommen wir also zurück, um herauszufinden, was Schöpfung ist. Was ist Schöpfung? Sie hat nichts mit Erfindung zu tun. Was also ist Schöpfung, der Ursprung, der Anfang? Was ist Leben? Sagen Sie mir, was Sie darüber denken. Was ist Leben? Nicht ins Büro zu gehen und alles übrige, Sex und Kinder oder keine Kinder, aber Sex und so weiter und so weiter und so weiter. Was ist Leben? Was gibt diesem Grashalm im Asphalt Leben? Was ist Leben in uns? Nicht all die Dinge, die wir mitmachen – Macht, Stellung, Prestige, Ruhm oder kein Ruhm, sondern Schande; das ist nicht Leben; das gehört zu unserer Mißhandlung des Lebens. Aber was ist Leben?

Warum hören Sie mir zu? Was bewegt Sie dazu, falls Sie überhaupt zuhören, diesem Mann zuzuhören? Was ist das Motiv hinter Ihrem Zuhören? Was wollen Sie? Was ist Ihr Begehren? Hinter dem Begehren steht ein Motiv. Was also ist Begehren? Begehren ist ein

Gefühl, nicht wahr? Ich sehe diese schöne Uhr oder häßliche Uhr; das ist ein Gefühl. Das Sehen ruft ein Gefühl hervor. Aus diesem Gefühl geht das Denken hervor und macht ein Bild daraus. Das heißt, ich sehe diese Uhr, sie ist schön, ich möchte sie gern haben. Das Gefühl des Sehens, dann kommt das Denken und macht ein Bild aus diesem Gefühl; in diesem Moment ist das Begehren geboren. Es ist ganz einfach.

Gibt es ein Gehirn, Ihr Gehirn, das nicht beeinträchtigt ist, beeinträchtigt durch die Umwelt, durch Tradition, durch die Gesellschaft und alles übrige? Was also ist der Ursprung des Lebens? Warten Sie darauf, daß ich das beantworte? Dies ist ein viel zu ernstes Thema, als daß Sie damit spielen könnten, denn wir versuchen etwas zu ergründen, das keinen Namen, kein Ende hat. Ich kann diesen Vogel töten; ein anderer Vogel ist da. Ich kann nicht *alle* Vögel töten; es gibt derer zu viele auf der Welt. Wir fragen also, was einen Vogel erschafft. Was ist die Schöpfung hinter all dem? Warten Sie darauf, daß ich es beschreibe, darauf eingehe? Wollen Sie, daß ich darauf eingehe? Warum

(Aus dem Publikum: Um zu verstehen, was Schöpfung ist.)

Warum fragen Sie das? Weil ich gefragt habe? Keine Beschreibung kann jemals den Ursprung beschreiben. Der Ursprung ist namenlos; der Ursprung ist *vollkommen still*, kein geräuschvolles Umherschwirren. Schöpfung ist etwas höchst Heiliges, es ist das Heiligste im Leben, und wenn Sie Ihr Leben verpfuscht haben, ändern Sie es. Ändern Sie es heute, nicht morgen. Wenn Sie unsicher sind, finden Sie heraus, warum, und seien Sie *sicher*. Wenn Ihr Denken nicht klar ist, denken Sie klar, logisch. Solange das alles nicht vorbereitet, das alles nicht in Ordnung ist, können Sie nicht in diese Welt, die Welt der Schöpfung, eintreten.

Es endet. *(Diese beiden Worte sind kaum hörbar, mehr gehaucht als gesprochen.)*

Dies ist das letzte Gespräch. Wollen Sie eine Weile ruhig beisammen sitzen? Gut, Sirs, bleiben Sie eine Weile ruhig sitzen.

Religionen

Sukie Colegrave
Yin und Yang
Die Kräfte des Weiblichen und des Männlichen
Eine inspirierende Synthese von
westlicher Psychologie und östlicher Weisheit
Band 3335

Sheldon B. Kopp
Triffst du Buddha unterwegs...
Psychotherapie und Selbsterfahrung
Band 3374

Verena Reichle
Die Grundgedanken des Buddhismus
Band 12146

Die Weisheit des Laotse
Herausgegeben von Lin Yutang
Band 6504

Fischer Taschenbuch Verlag

Philosophie
Eine Auswahl

Francis Bacon
Weisheit der Alten
Philipp Rippel (Hg.). Band 6588

Seyla Benhabib
Kritik, Norm und Utopie
Die normativen Grundlagen
der Kritischen Theorie
Band 10723

Henri Bergson
**Die beiden Quellen der
Moral und der Religion**
Band 11300

Petra Braitling,
Walter Reese-Schäfer (Hg.)
**Universalismus,
Nationalismus und die
neue Ethik der Deutschen**
Philosophen und die Politik
Band 10963

Ernst Cassirer, J. Starobinski,
Robert Darnton
**Drei Vorschläge,
Rousseau zu lesen**
Band 6569

René Descartes
Ausgewählte Schriften
Ivo Frenzel (Hg.). Band 6549

Denis Diderot
Über die Natur
Jochen Köhler (Hg.)
Band 6583

Hans-Georg Gadamer (Hg.)
Philosophisches Lesebuch
3 Bände: 6576/6577/6578

Ludwig Giesz
Phänomenologie des Kitsches
Band 12034

Horst Günther
Zeit der Geschichte
Welterfahrung und Zeitkate-
gorien in der Geschichts-
philosophie. Band 11472

Heidrun Hesse
**Vernunft und
Selbstbehauptung**
Kritische Theorie als Kritik der
neuzeitlichen Rationalität
Band 7343

Thomas Hobbes
**Behemoth oder
Das Lange Parlament**
Herfried Münkler (Hg.)
Band 10038

Max Horkheimer
**Traditionelle und
Kritische Theorie**
Fünf Aufsätze
Band 11328
**Zur Kritik der
instrumentellen Vernunft**
Band 7355

Fischer Taschenbuch Verlag

Philosophie

Eine Auswahl

Edmund Husserl
Arbeit an den Phänomenen
Ausgewählte Schriften
Bernhard Waldenfels (Hg.)
Band 11750

Martin Jay
Dialektische Phantasie
Die Geschichte der Frankfurter
Schule und des Instituts für
Sozialforschung. Band 6546

Immanuel Kant
Eine Vorlesung über Ethik
Gerd Gerhardt(Hg.). Bd. 10249

Peter Kemper (Hg.)
Die Zukunft des Politischen
Ausblicke auf Hannah Arendt
Band 11706

Ralf Konersmann
Erstarrte Unruhe. Band 10962

Susanne K. Langer
Philosophie auf neuem Wege
Band 7344

Lutger Lütkehaus
**Philosophieren nach
Hiroshima**
Über Günther Anders
Band 11248

Pierre-François Moreau
Spinoza
Versuch über die Anstößigkeit
seines Denkens. Band 12245

Max Planck
**Vom Wesen der Willens-
freiheit und andere Vorträge**
Band 10472

Platon
Sokrates im Gespräch
Vier Dialoge. Band 11065

Jean-Jacques Rousseau
Schriften
Henning Ritter (Hg.)
2 Bände: 6567/6568

Bertrand Russell
**Das ABC der Relativitäts-
theorie.** Band 6579
Moral und Politik. Band 6573
**Philosophie. Die Entwicklung
meines Denkens.** Band 6572

Rüdiger Safranski
**Wieviel Wahrheit
braucht der Mensch?**
Über das Denkbare und
das Lebbare. Band 10977

Wilhelm Schmid
**Die Geburt der Philosophie
im Garten der Lüste**
Michel Foucaults Archäologie
des platonischen Eros
Band 12509

Georg Simmel
**Das Individuum
und die Freiheit**
Essais. Band 11925

Fischer Taschenbuch Verlag

Psychologie

Eine Auswahl

Alfred Adler
Lebensprobleme
Vorträge und Auf-
sätze. Band 11718

Alexandra Adler
**Individual-
psychologie**
Anleitung zur
Praxis. Band 10131

Robert F. Antoch
**Beziehung
und seelische
Gesundheit**
Band 11827

Charles Brenner
**Elemente des
seelischen Konflikts**
Band 12232
**Praxis der
Psychoanalyse**
Band 6740

Charles Brenner
**Grundzüge der
Psychoanalyse**
Band 6309

Hilde Bruch
Eßstörungen
Zur Psychologie
und Therapie von
Übergewicht und
Magersucht
Band 6796

Hilde Bruch
**Das verhungerte
Selbst.** Gespräche
mit Magersüchtigen
Band 10167

Almuth
Bruder-Bezzel
**Geschichte der
Individual-
psychologie**
Band 10793

(Hg.) Ernst Federn/
G. Wittenberger
**Aus dem Kreis um
Sigmund Freud**
Nachträge zu
den »Wiener
Protokollen«
Band 10809

Sándor Ferenczi
**Schriften zur
Psychoanalyse**
Auswahl in
zwei Bänden
Herausgegeben von
Michael Balint
Bd.: 7316 / 7317

Jolande Jacobi
**Die Psychologie
von C.G. Jung**
Eine Einführung in
das Gesamtwerk
Band 6365

Fischer Taschenbuch Verlag

Psychologie

Eine Auswahl

Arthur Janov
Der neue Urschrei
Fortschritt in der
Primärtherapie
Band 11554

Marianne Krüll
**Freud und
sein Vater**
Die Entstehung der
Psychoanalyse und
Freuds ungelöste
Vaterbindung
Band 11078

Hans-Martin
Lohmann (Hg.)
**Psychoanalyse und
Nationalsozialismus**
Beiträge zur
Bearbeitung eines
unbewältigten
Traumas
Band 12231

Margaret S. Mahler
**Studien über
die drei ersten
Lebensjahre**
Band 10798

Josef Rattner
Tugend und Laster
Tiefenpsychologie
als angewandte
Ethik
Band 10410

Reimut Reiche
**Geschlechter-
spannung**
Eine psychoanaly-
tische Untersuchung
Band 10329

Theodor Reik
**Arthur Schnitzler
als Psycholog**
Band 11638

Rainer Schmidt
**Träume und
Tagträume**
Band 10649

R. Schmidt (Hg.)
**Die Individual-
psychologie
Alfred Adlers**
Band 6799

Harry Stroeken
**Freud und
seine Patienten**
Band 10856

Erwin Wexberg
**Zur Entwicklung
der Individual-
psychologie**
und andere
Schriften
Herausgegeben von
Gerd Lehmkuhl
Band 4619

Fischer Taschenbuch Verlag

Geist und Psyche

Begründet von Nina Kindler 1964

Psychologische Ratgeber

Raymond Battegay
Psychoanalytische
Neurosenlehre
Band 12233

Hellmuth Benesch
u.a. (Hg.)
Psychologie-
Lesebuch
Band 42310

Eric Berne
Was sagen Sie,
nachdem Sie
»Guten Tag«
gesagt haben?
Band 42192

Gerd Biermann(Hg.)
Kinder-
psychotherapie
Handbuch zu
Theorie und Praxis
Band 12039

Leon Chertok
Hypnose
Band 42102

Gion Condrau
Einführung in die
Psychotherapie
Geschichte, Schulen,
Methoden, Praxis
Ein Lehrbuch
Band 42115

Heinrich Deserno
Die Analyse und
das Arbeitsbündnis
Kritik eines
Konzepts
Band 12131

Maurice Dongier
Neurosen
Band 42241

Viktor E. Frankl
Ärztliche Seelsorge
Band 42157

Ella Freeman Sharpe
Traumanalyse
Band 11818

Anna Freud
Einführung in
die Technik der
Kinderanalyse
Band 42111

Gesellschaft für
wissenschaftliche
Gesprächs-
psychotherapie
Die klientenzen-
trierte Gesprächs-
psychotherapie
Band 42149

Tilmann Habermas
Zur Geschichte
der Magersucht
Band 11825

Fischer Taschenbuch Verlag